MW01641587

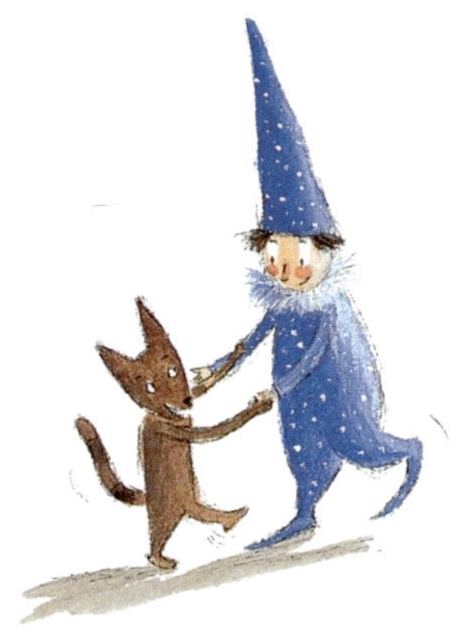

Dans la même collection :

Mon anniversaire

Grand-mère Nénuphar a disparu

Eustache Plumeau et sa drôle de façon de découvrir l'art ont été imaginés par Laurence Boitout.

49, rue Étienne Marcel, 75001 Paris

ISBN : 2-7118-3961-3
JA 10 3961

Texte
Martine Laffon

Dessins
Laurence Boitout

Le voleur de saisons

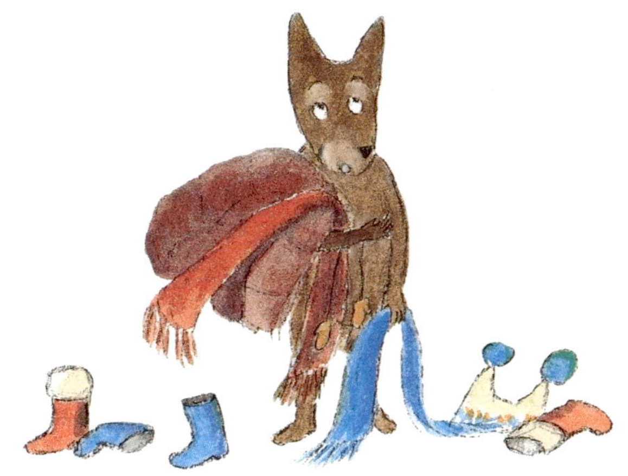

*à Antoine, Jules, Lily, Mattéo,
Violette, William, Paola et Lorette
L.B.*

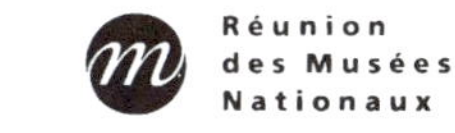
Réunion
des Musées
Nationaux

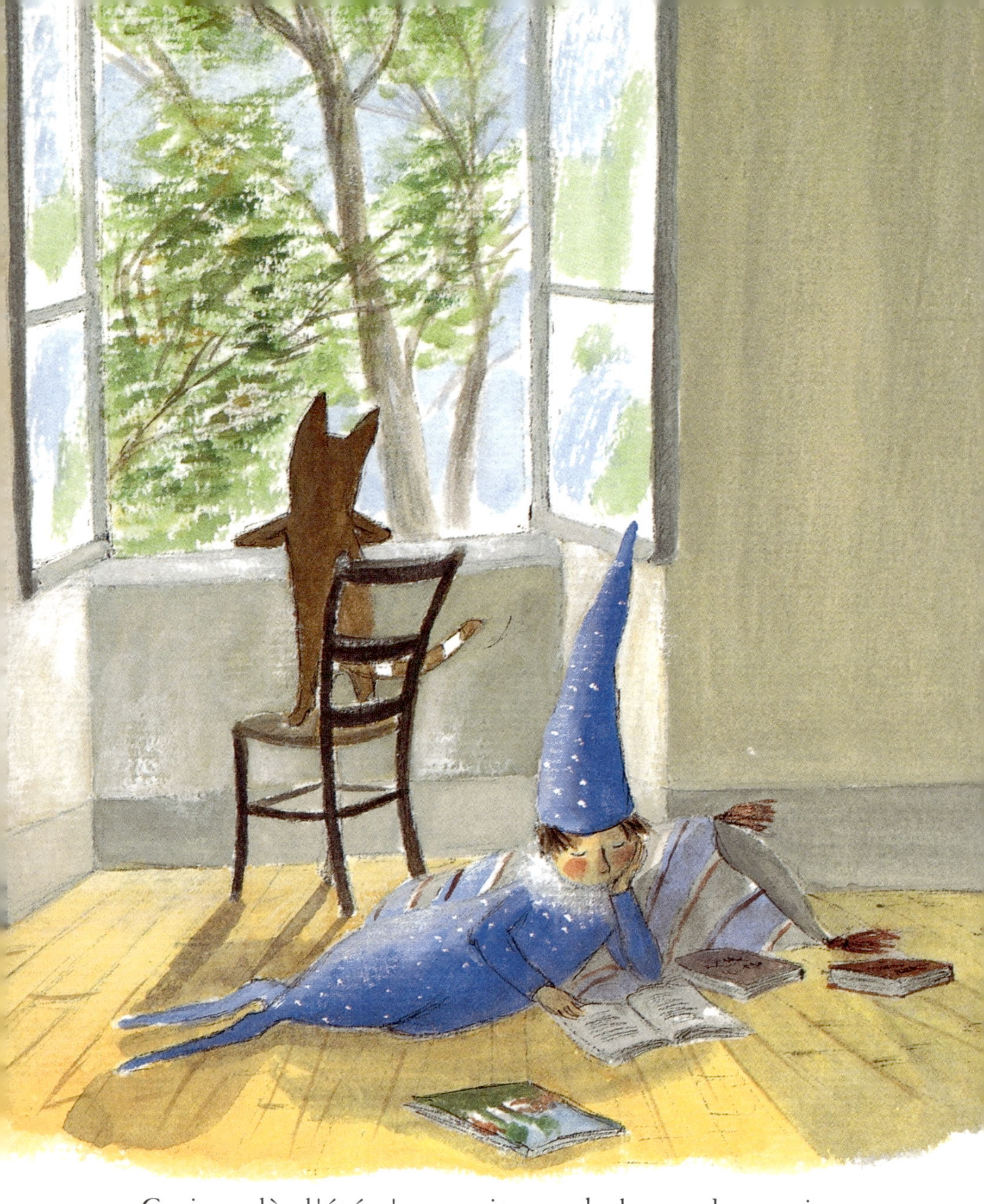

Ce jour-là, l'été s'amusait aux balcons des maisons.
Le ciel dessinait une jolie flaque bleue.
Pilou et moi, nous rêvions de fontaines, d'océans et de lacs
à la fraîcheur du musée
lorsque le vent s'est engouffré par la fenêtre.

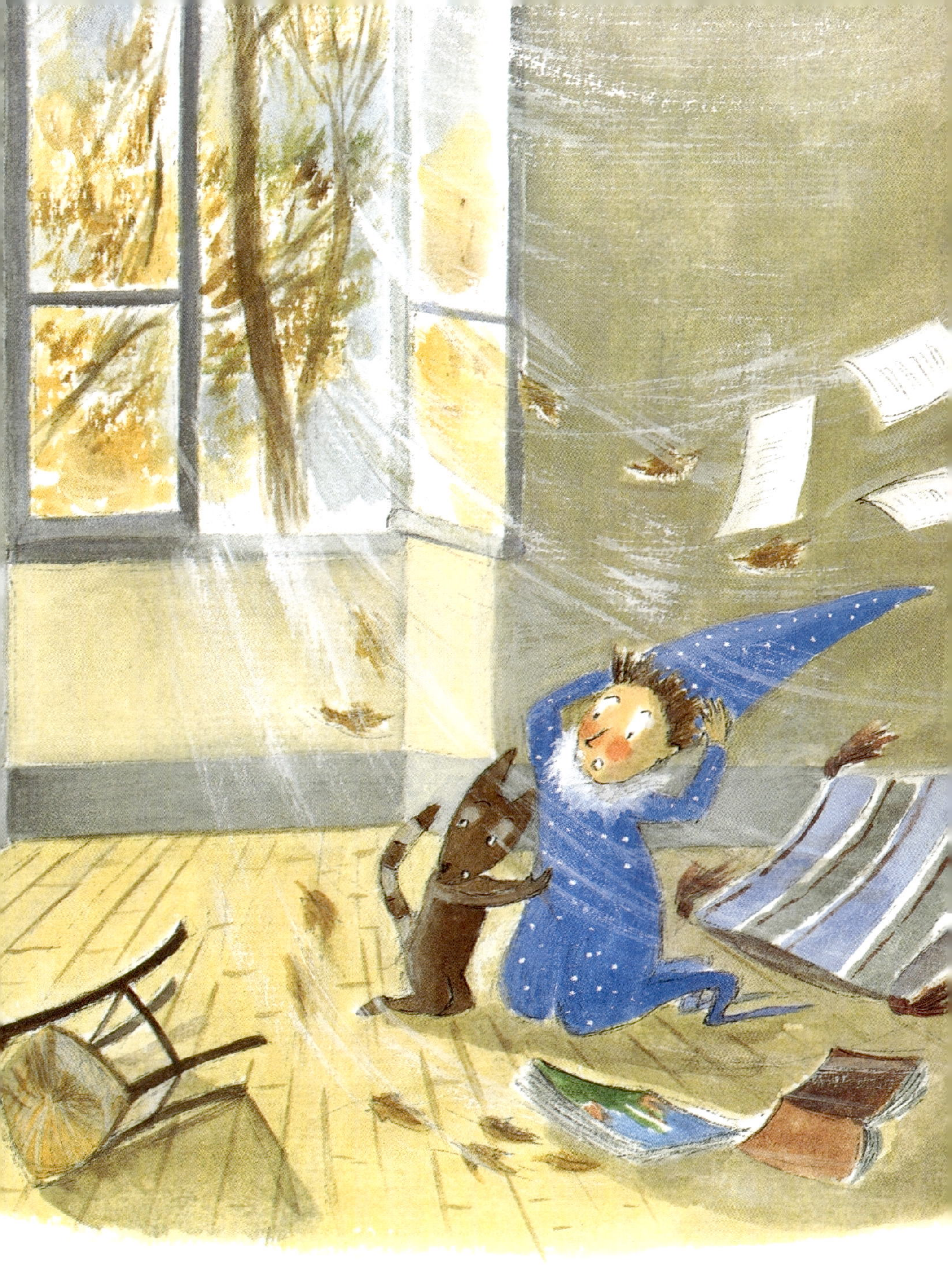

Et l'automne s'est installé.

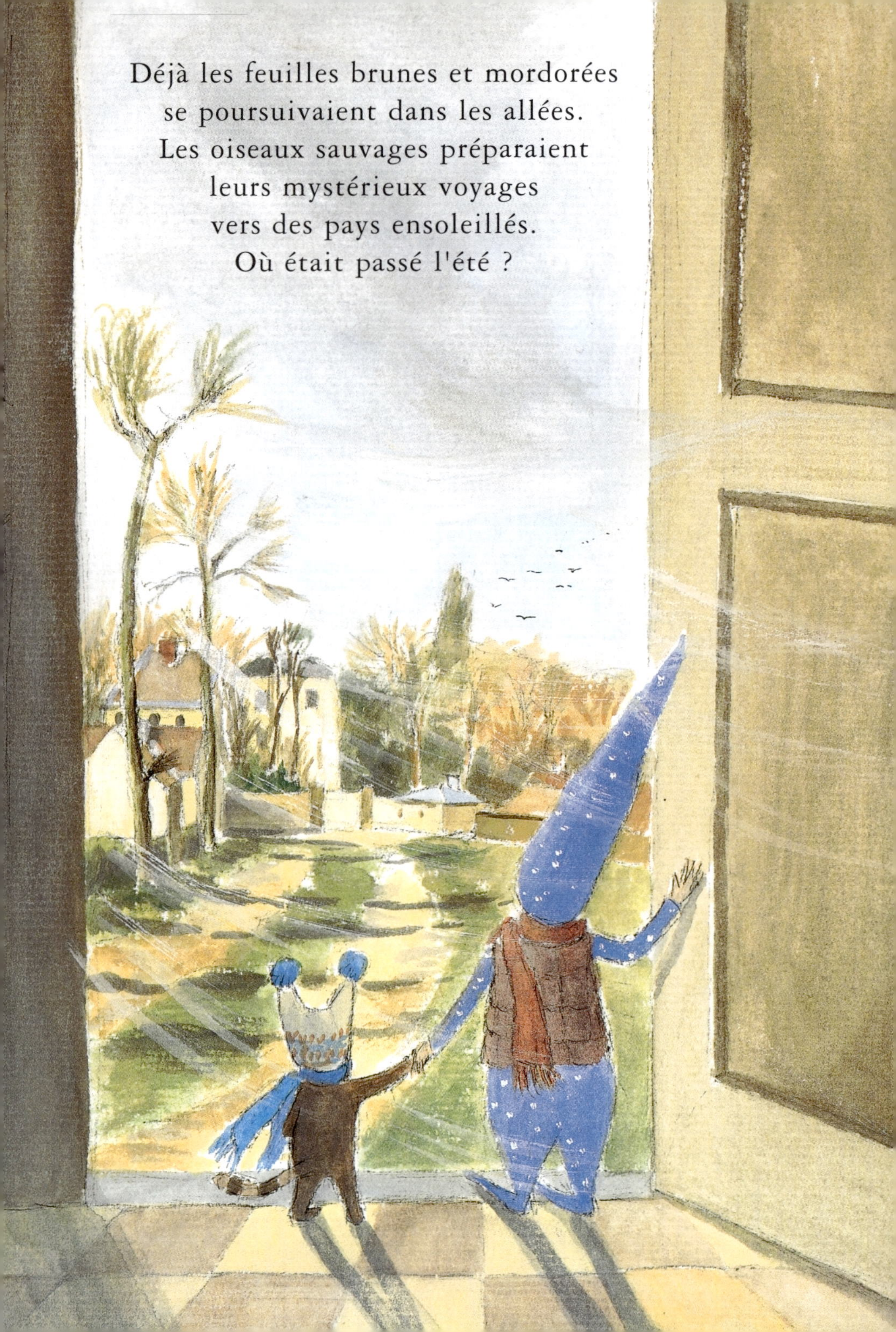

Déjà les feuilles brunes et mordorées
se poursuivaient dans les allées.
Les oiseaux sauvages préparaient
leurs mystérieux voyages
vers des pays ensoleillés.
Où était passé l'été ?

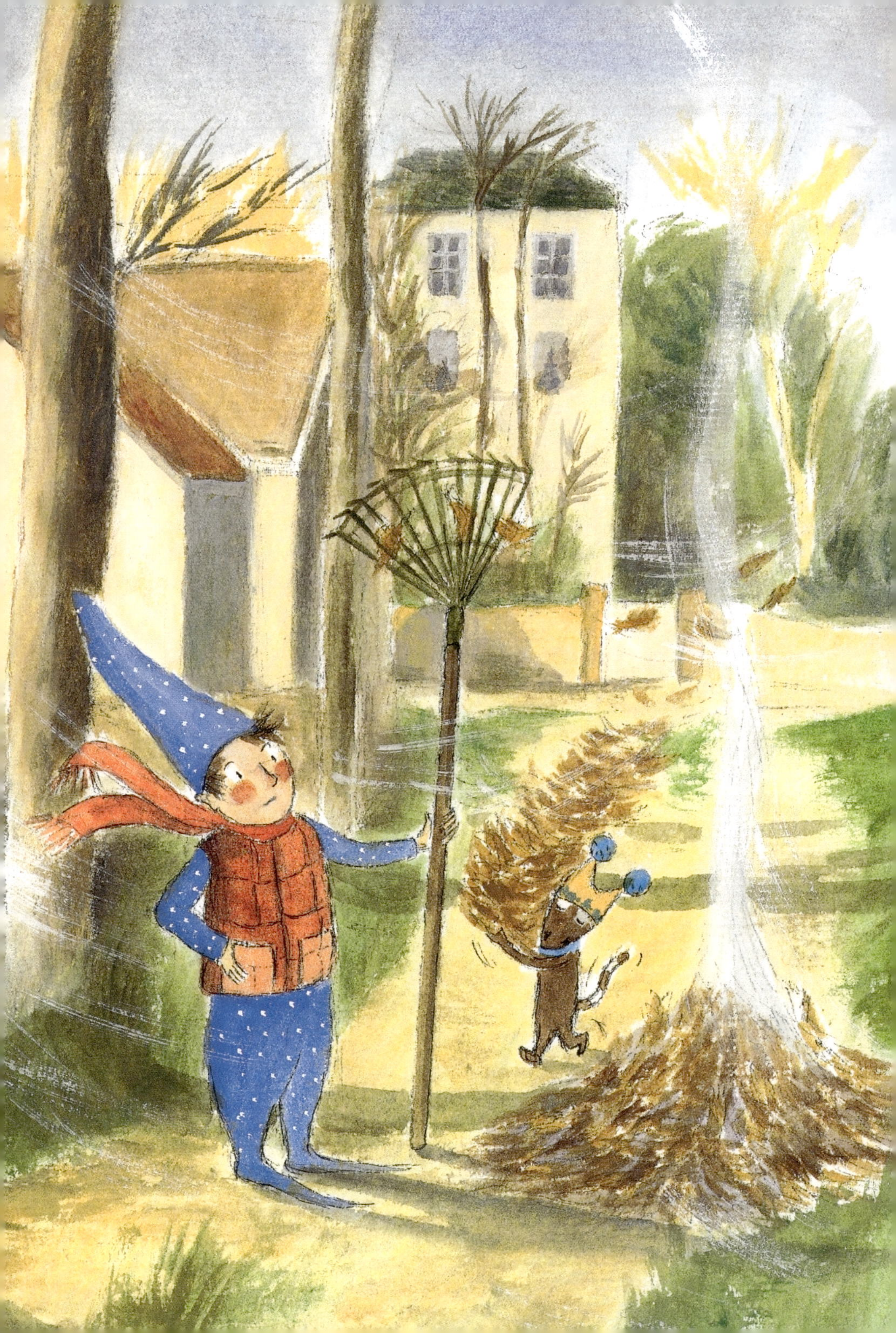

Mais aussitôt l'hiver est arrivé avec ses bottes de givre
et son écharpe de frimas blancs.
Il a recouvert de neige les forêts et les prés.
Où était passé l'automne ?
Avait-il rejoint l'été ?

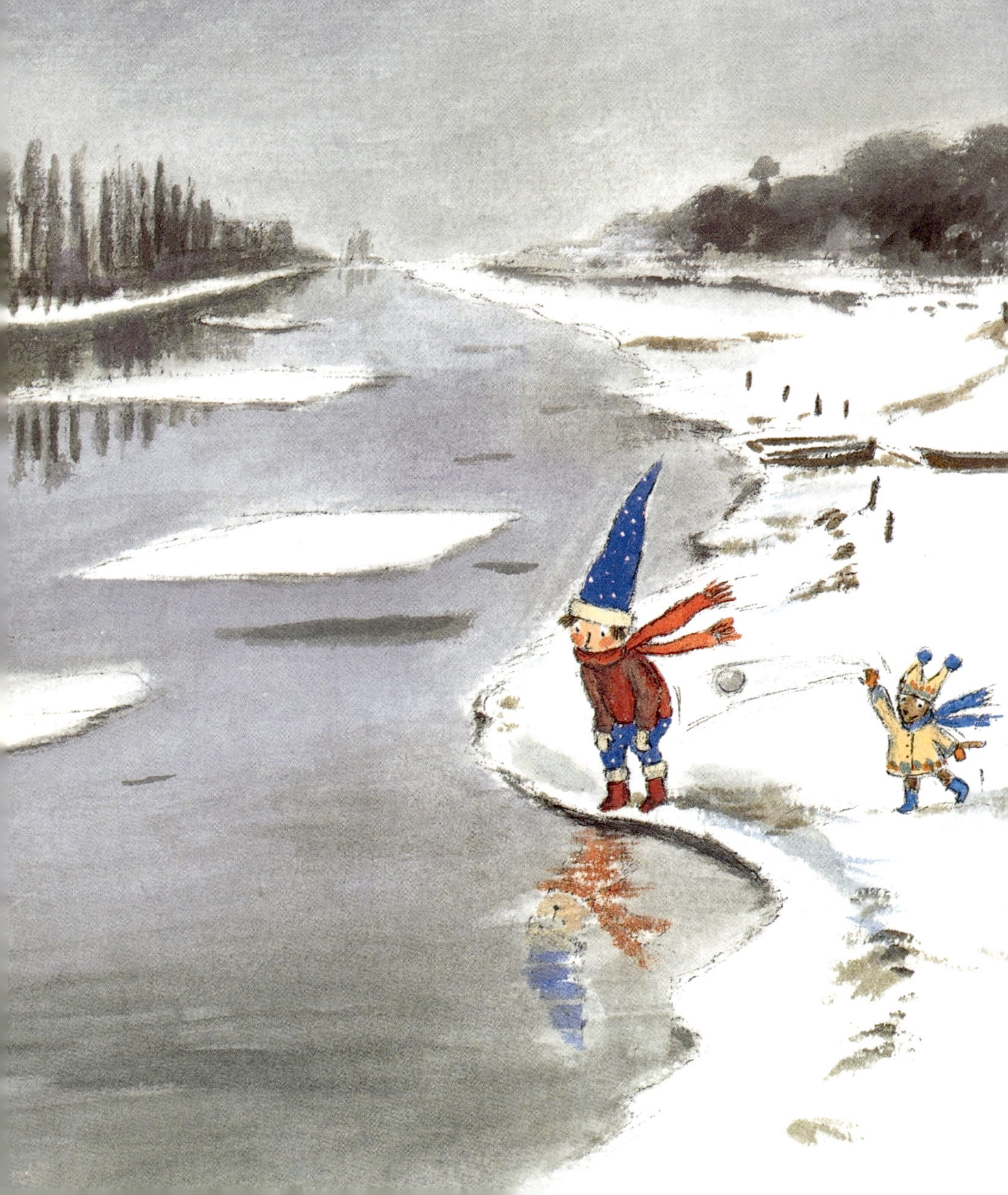

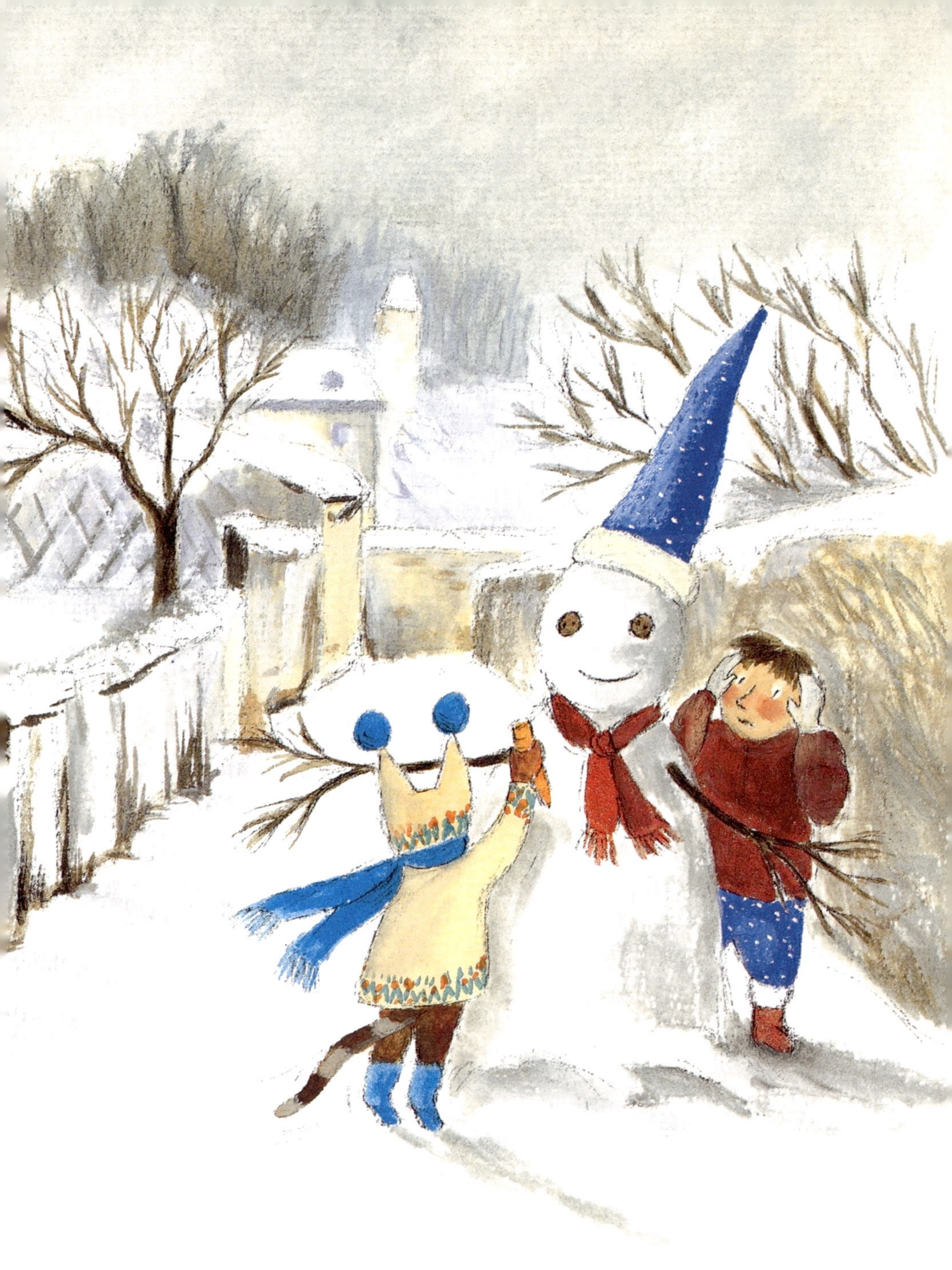

Pilou n'avait pas l'air de s'en occuper !
Il ajoutait à son bonhomme un drôle de nez.

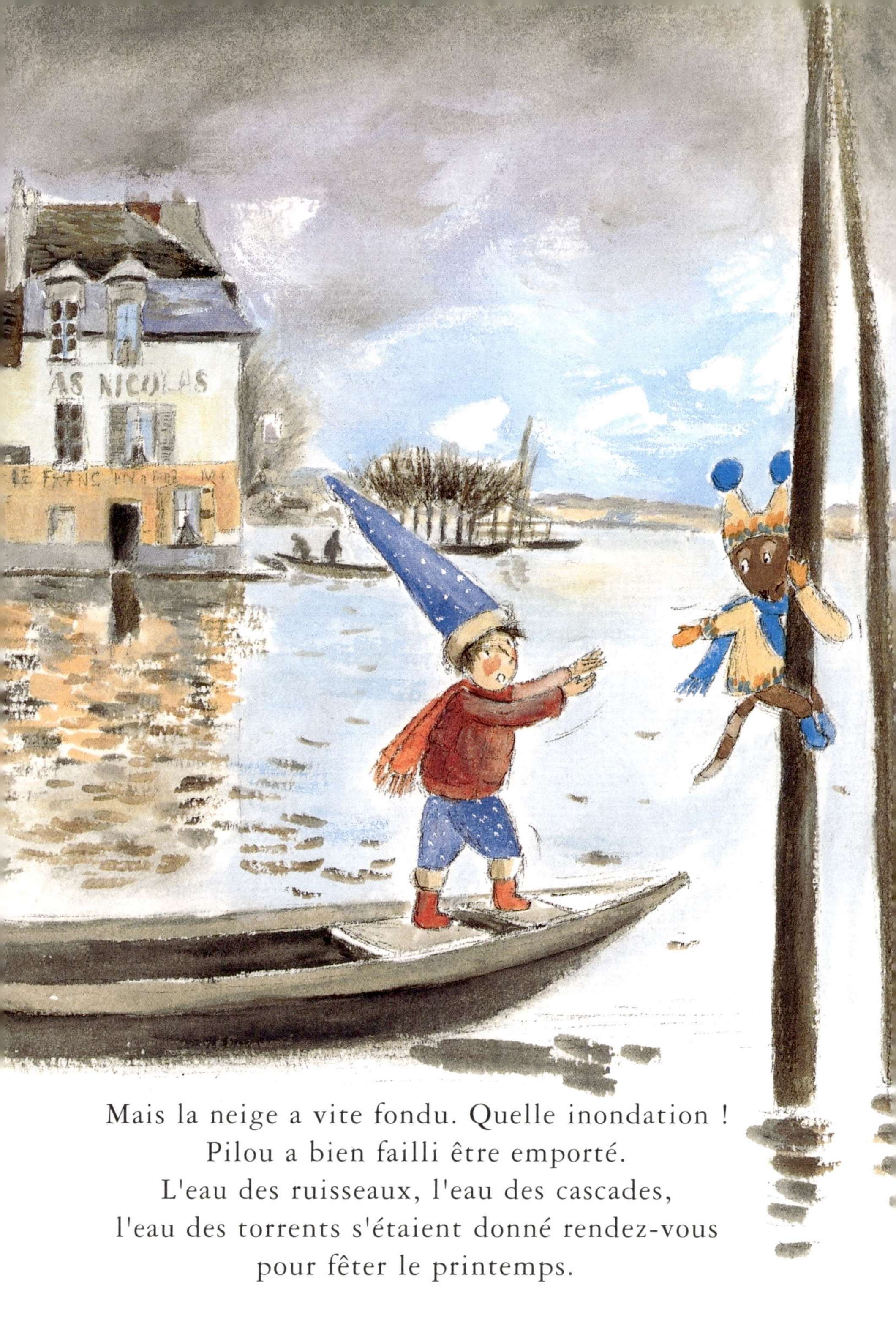

Mais la neige a vite fondu. Quelle inondation !
Pilou a bien failli être emporté.
L'eau des ruisseaux, l'eau des cascades,
l'eau des torrents s'étaient donné rendez-vous
pour fêter le printemps.

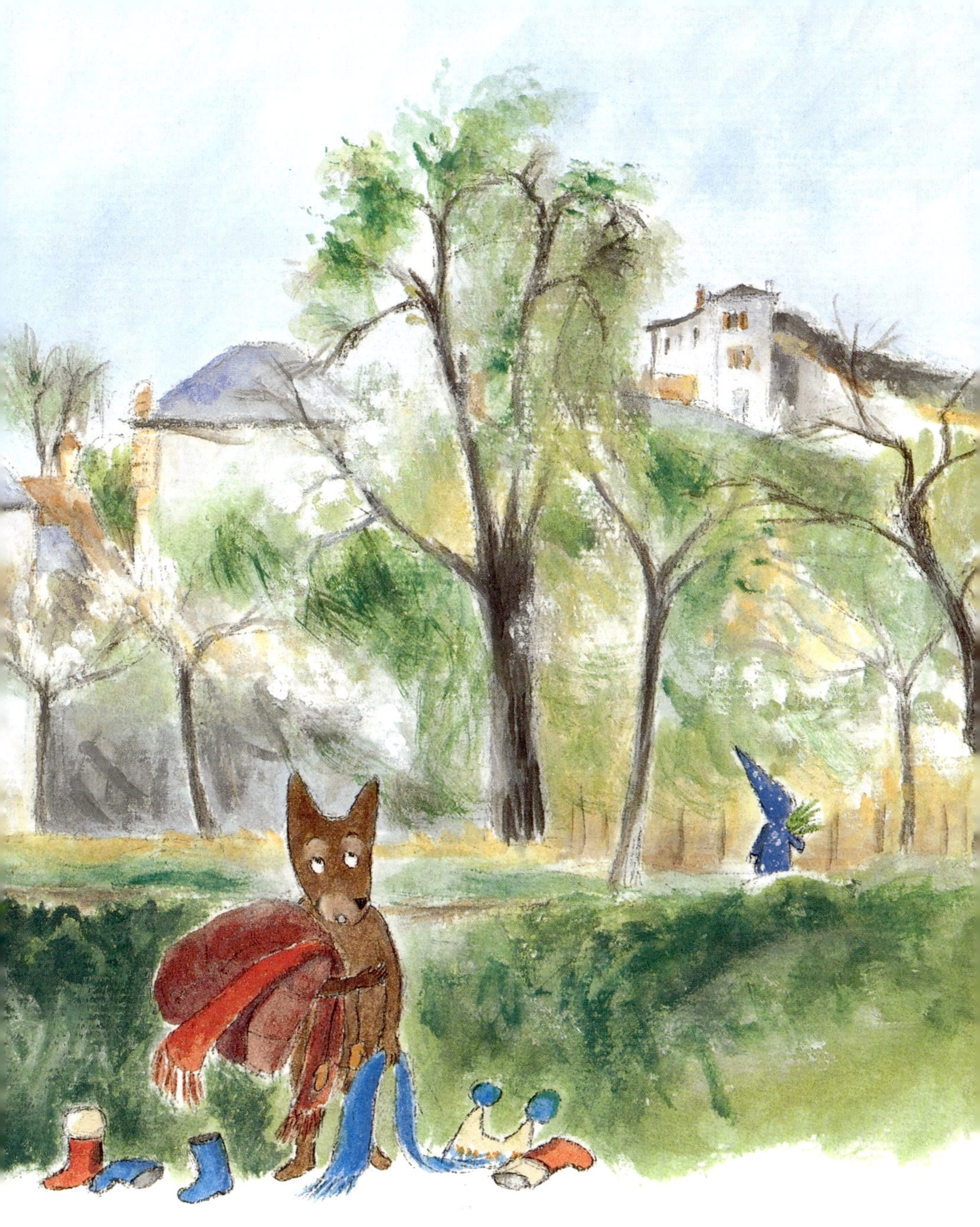

Où était passé l'hiver ? Qui l'avait dévoré ?
Le printemps aux grandes dents ?
Il avait l'air, pourtant, d'un prince charmant
avec sa couronne de primevères.

À peine le printemps se promenait-il au milieu des jardins, que l'été est venu accrocher ses fruits aux branches du verger.

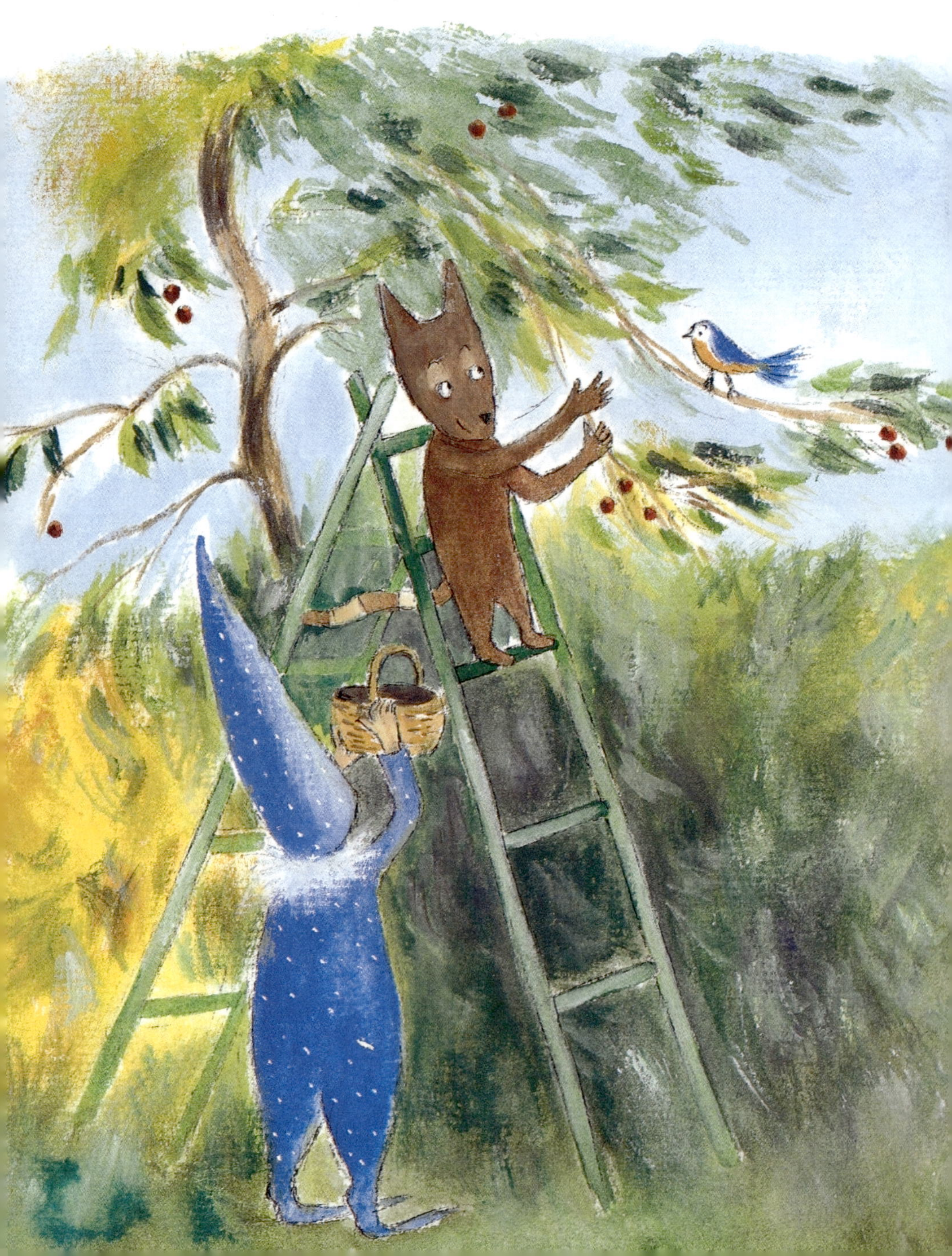

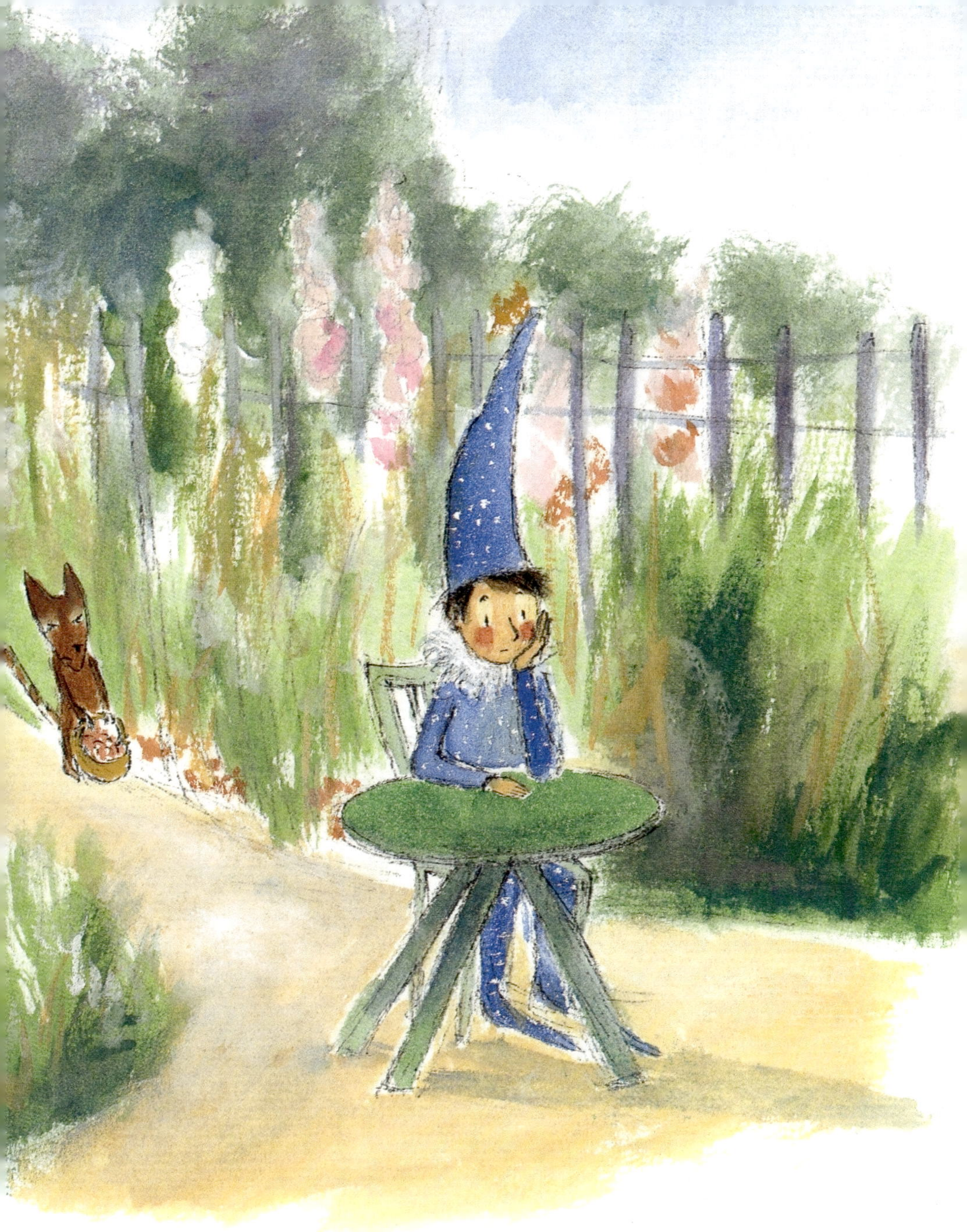

Été, automne, hiver, printemps, été, automne, hiver.
Plume de Plumeau ! Il n'y avait plus de saisons !
Elles tournaient bien trop vite.

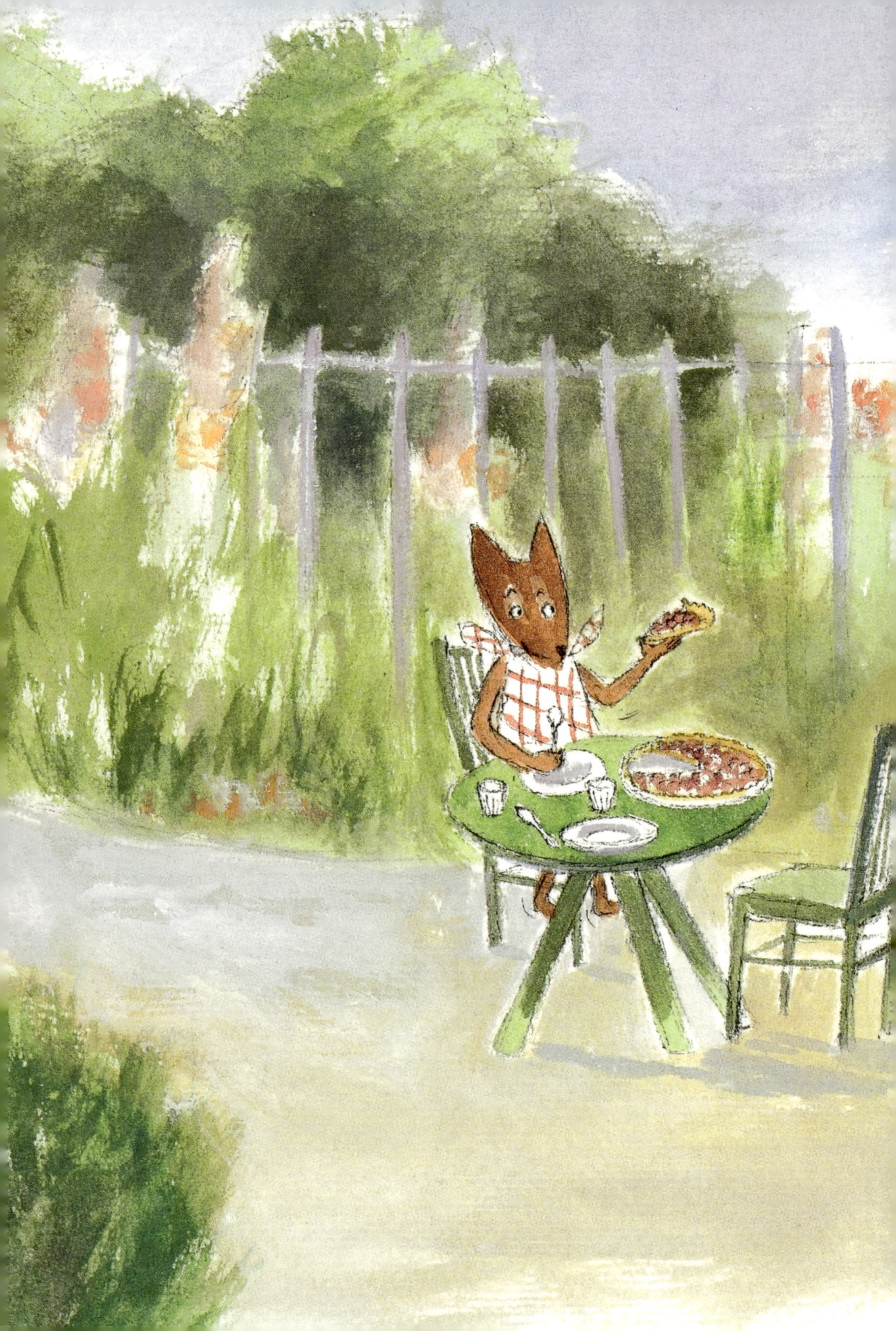

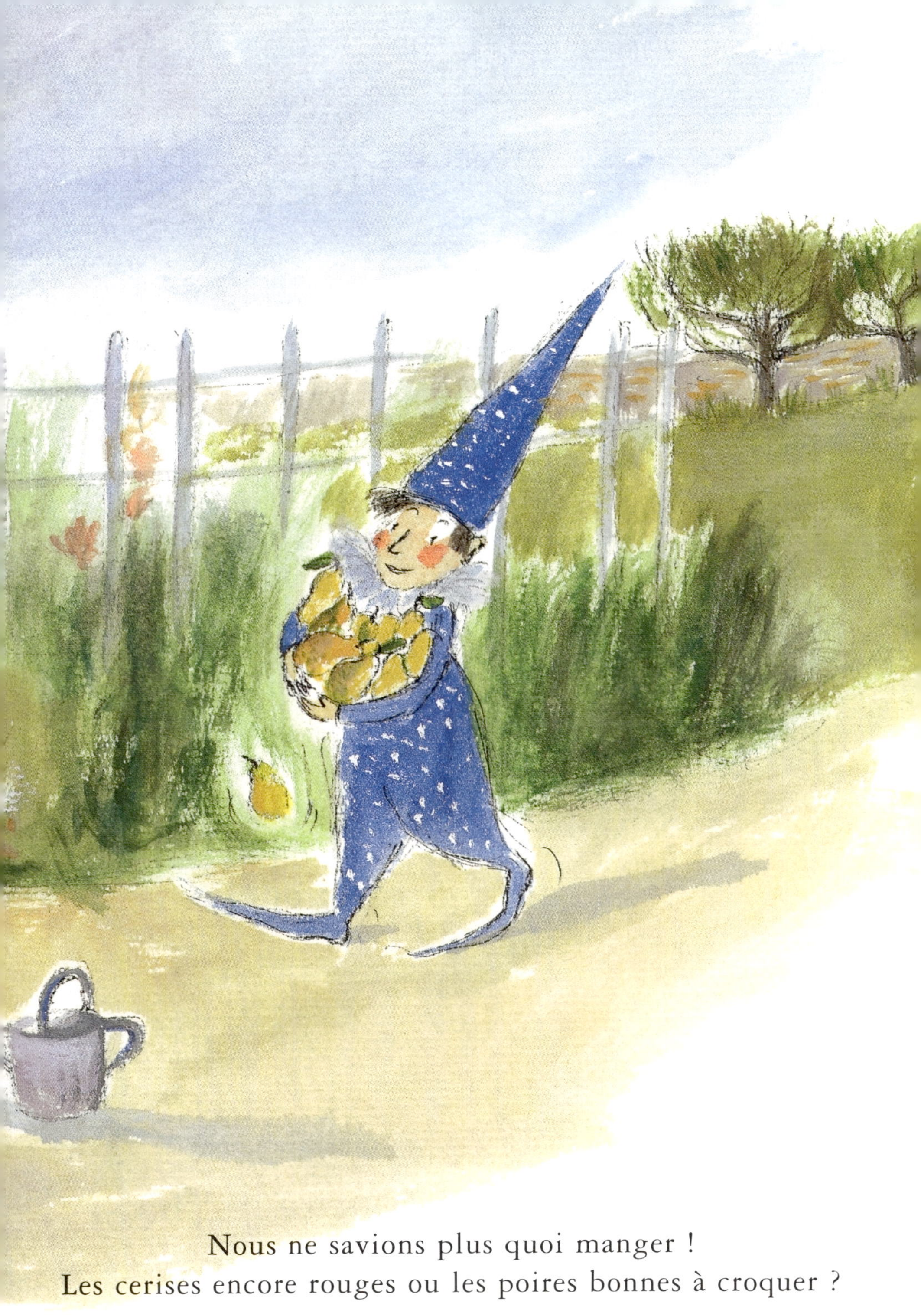

Nous ne savions plus quoi manger !
Les cerises encore rouges ou les poires bonnes à croquer ?

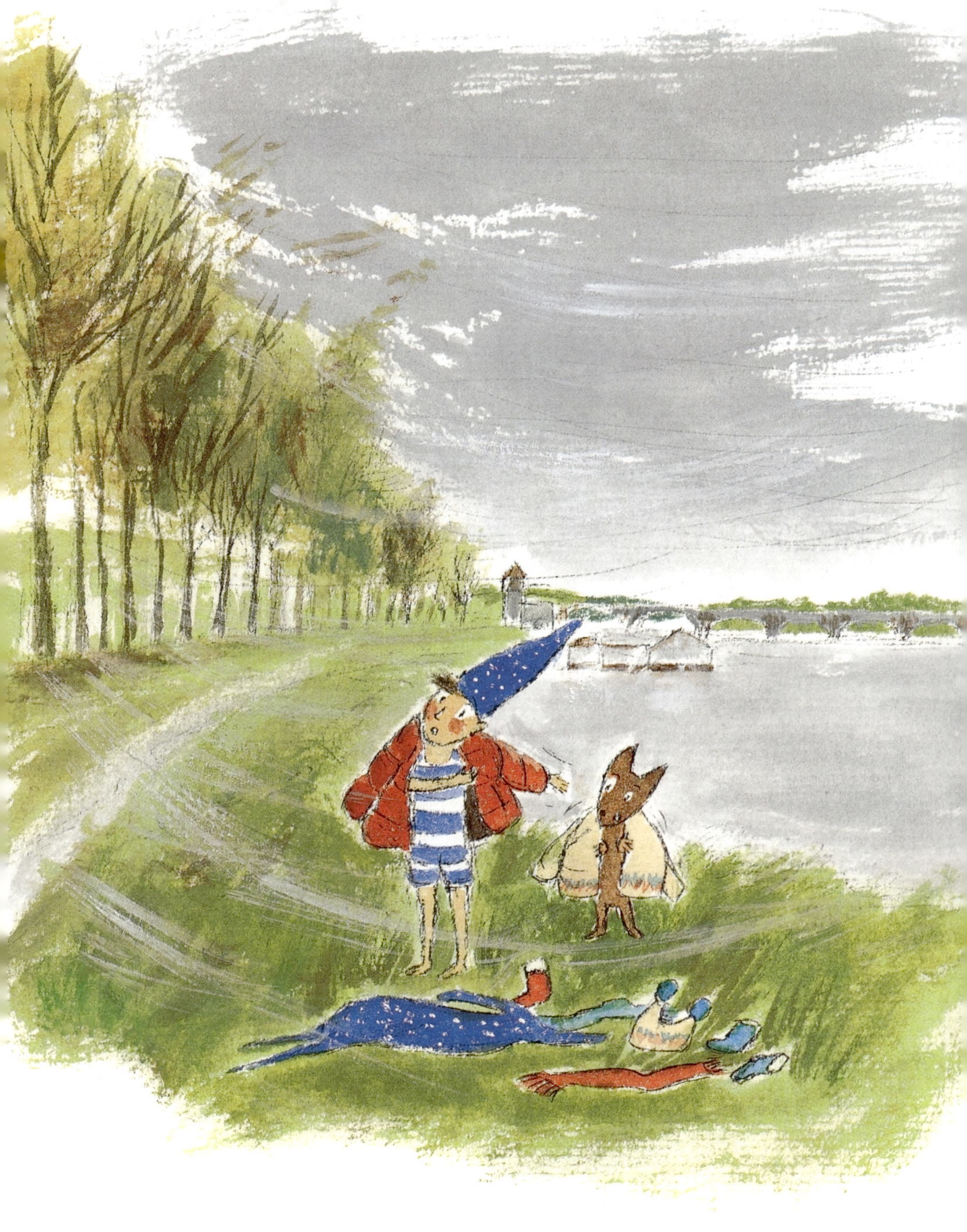

Nous ne savions plus comment nous habiller.
Enfiler un manteau ? ou sortir son maillot ?

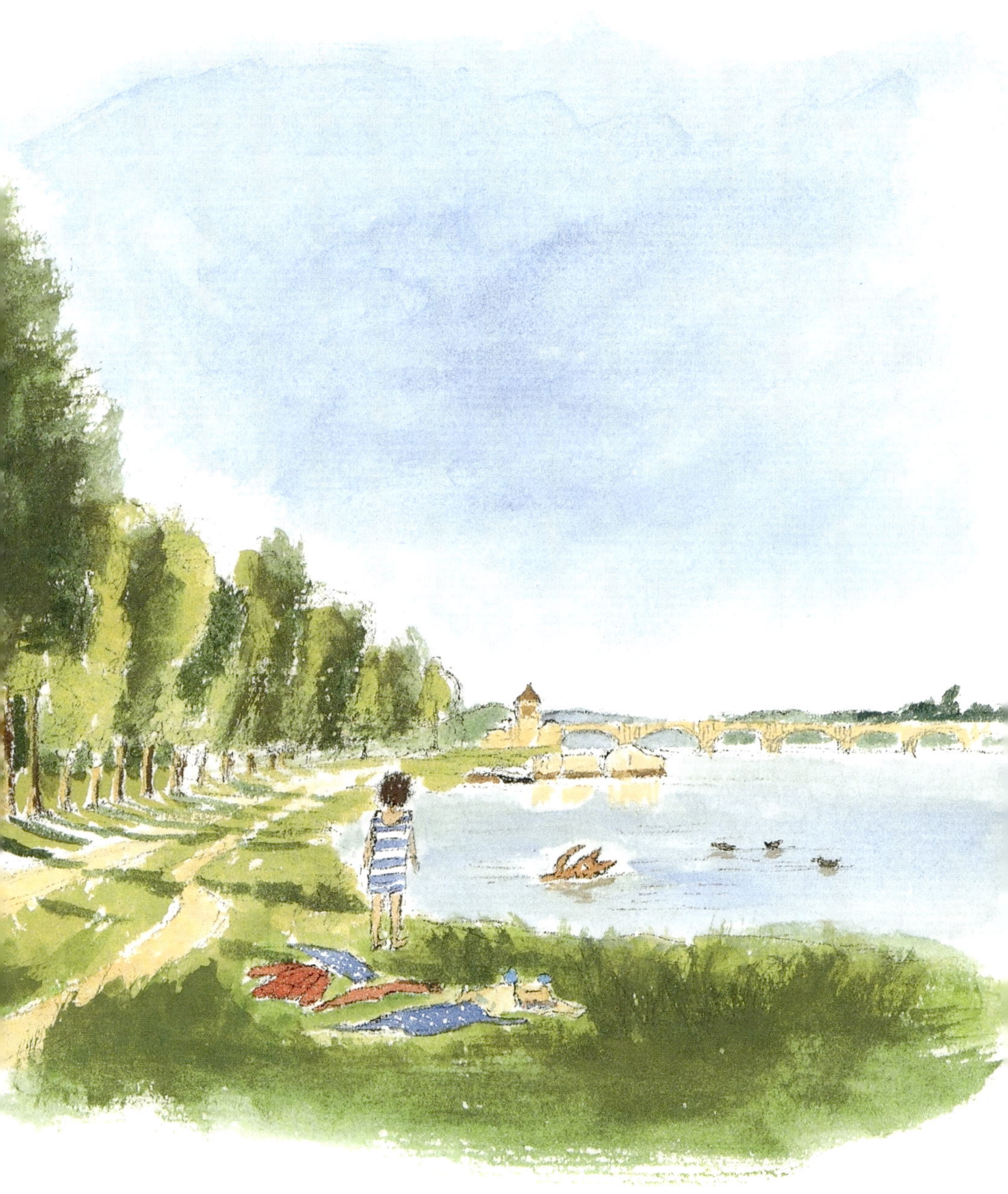

Nous ne savions plus à quoi jouer.
Un petit plongeon avec les canards ou
une course sur l'étang gelé ?

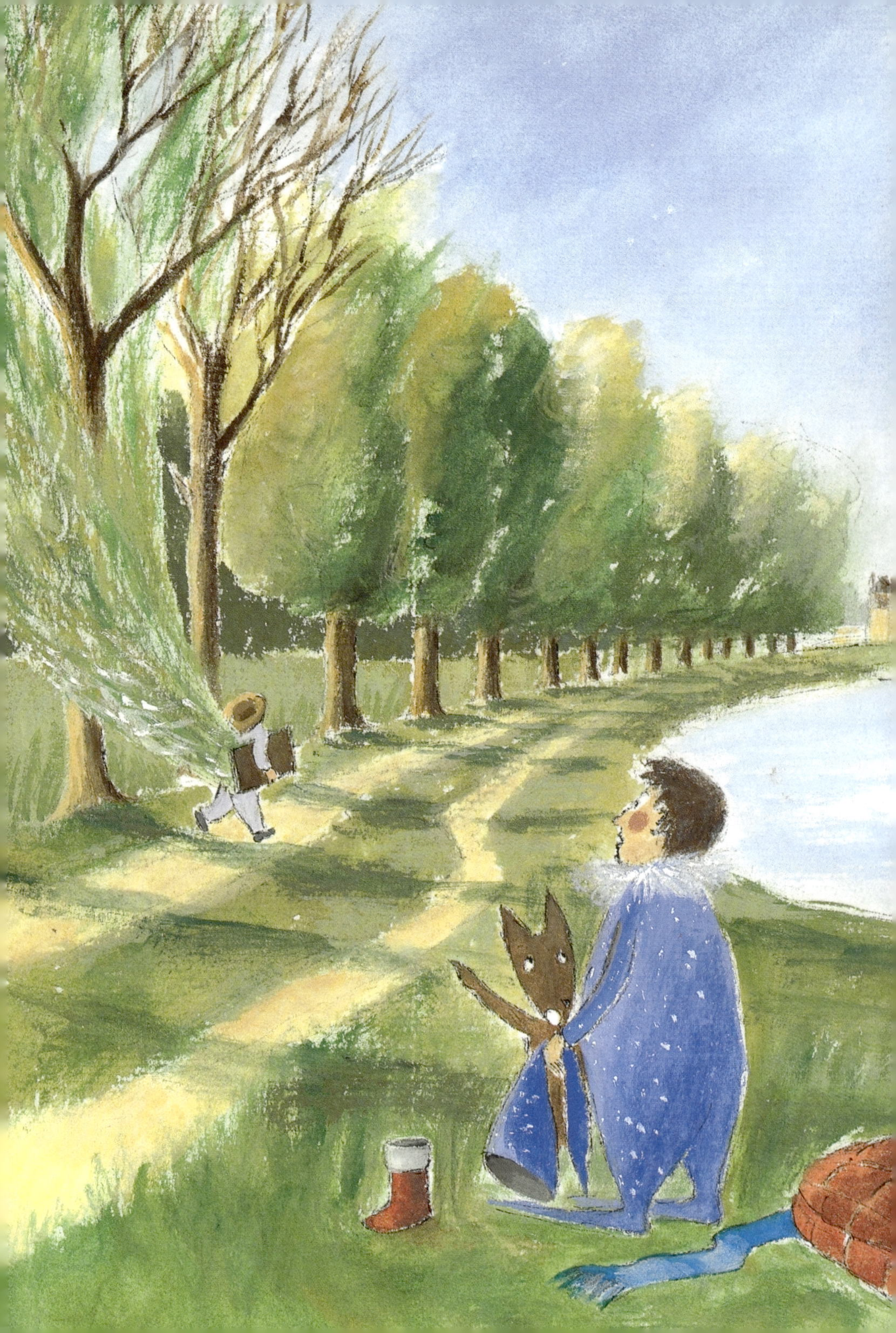

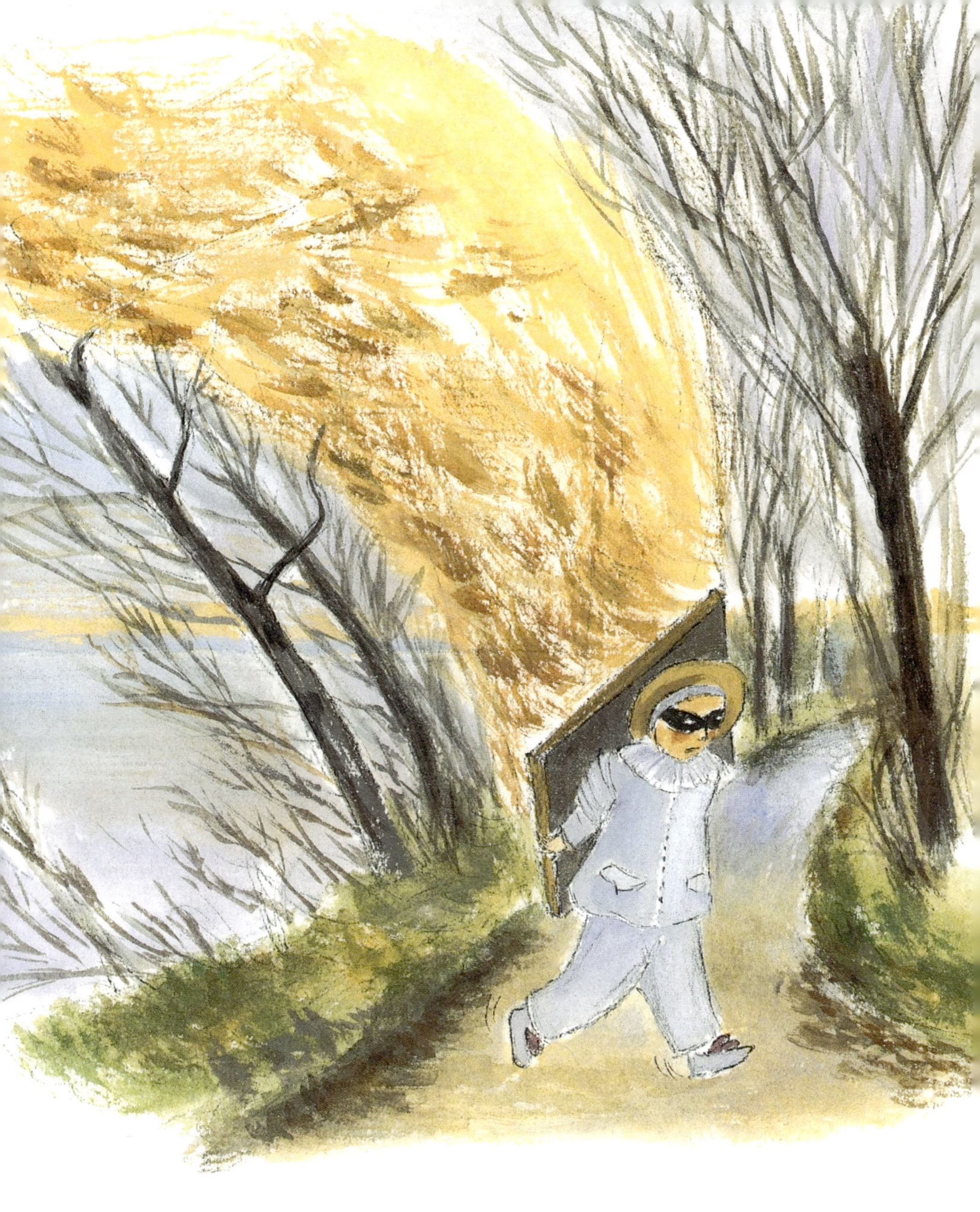

Je cherchais et mon bonnet de laine et mon bonnet de bain,
quand Pilou m'a crié : «Eustache, viens vite, cet homme
là-bas ; il a pris l'été sous son bras !»
Le lendemain, il emporta l'automne sur son dos.

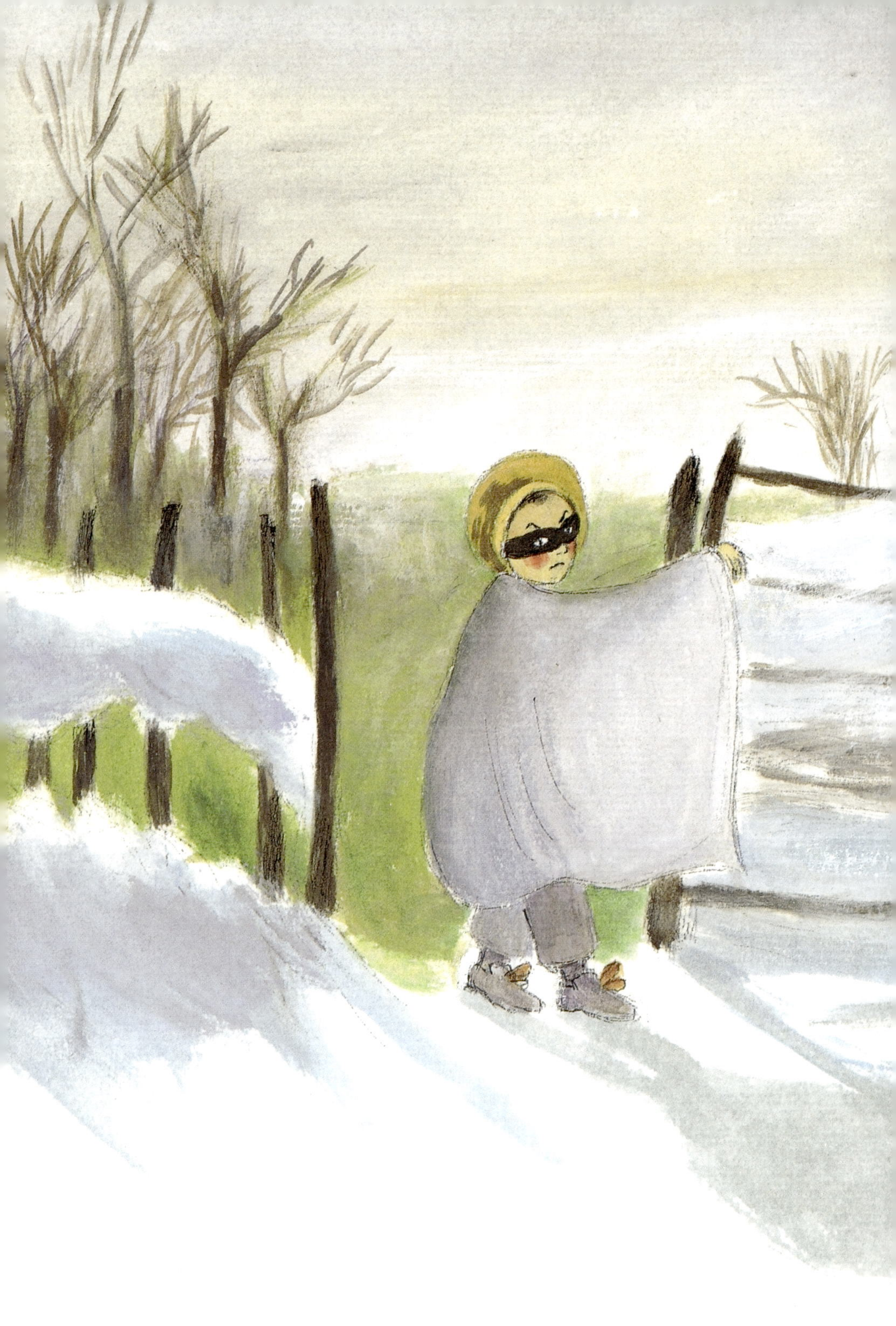

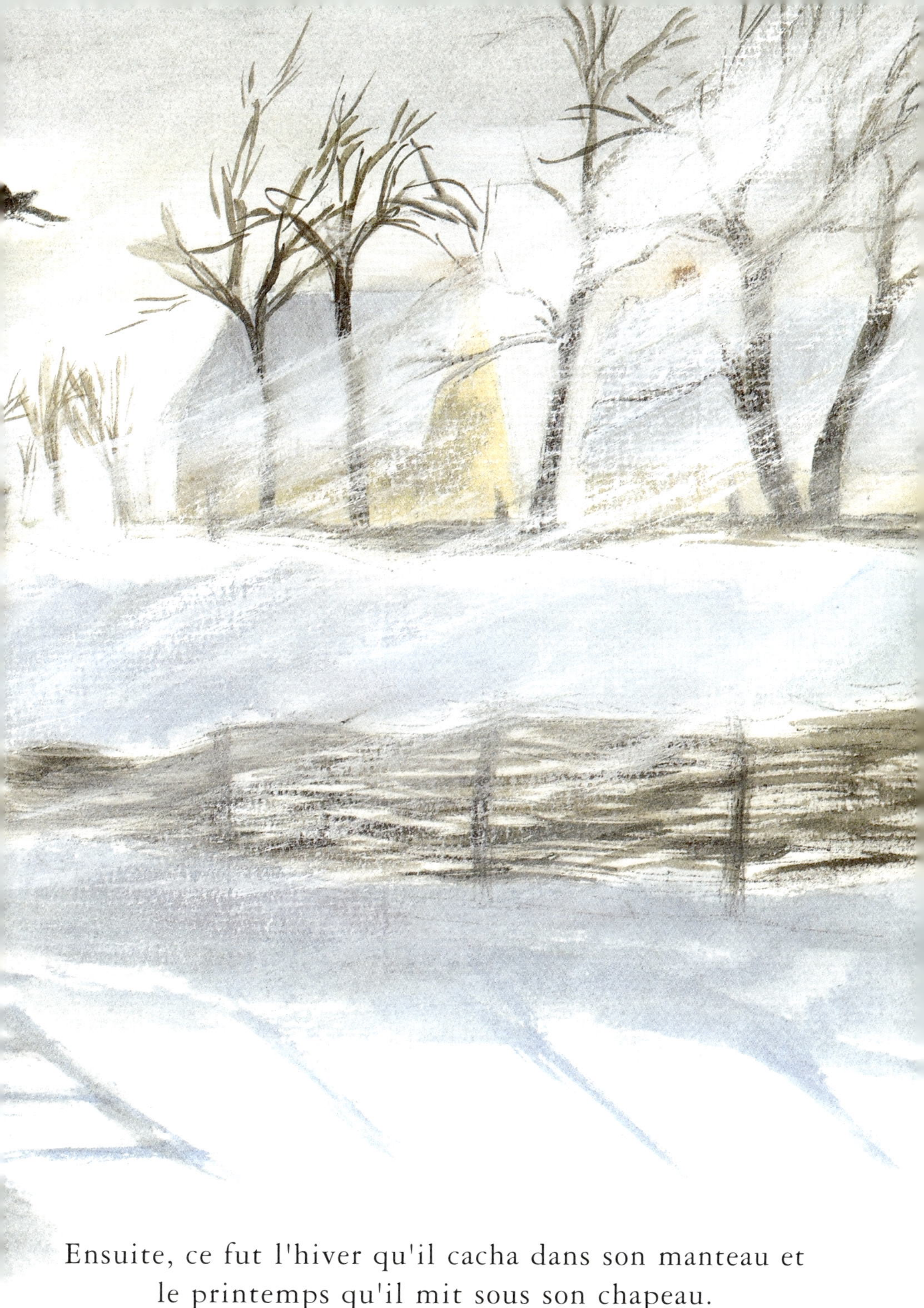

Ensuite, ce fut l'hiver qu'il cacha dans son manteau et
le printemps qu'il mit sous son chapeau.

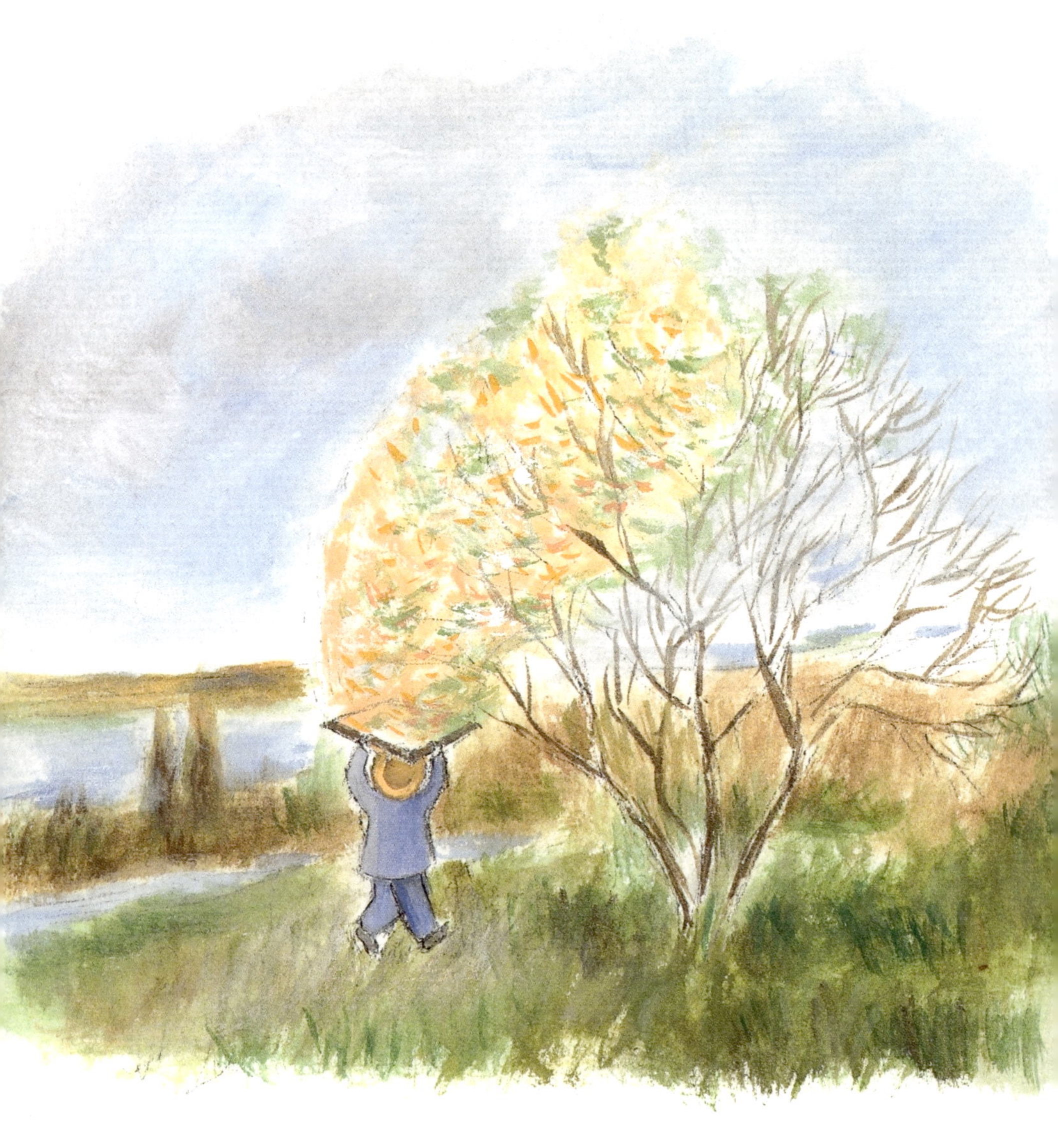

C'était un redoutable voleur de saisons !
Chaque fois qu'une saison arrivait, il la volait.
Sans faire de bruit, Pilou et moi l'avons suivi
jusque dans sa maison.

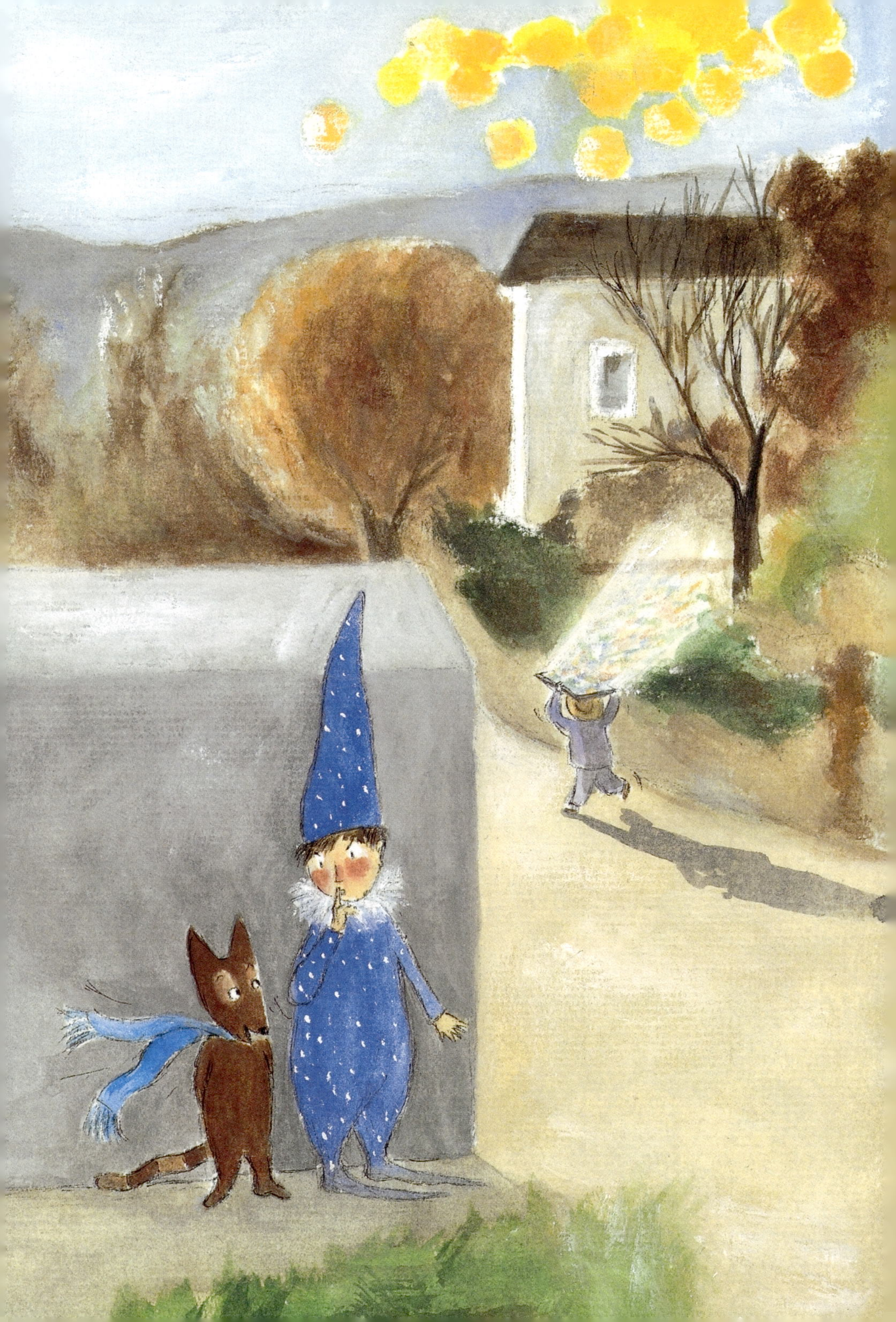

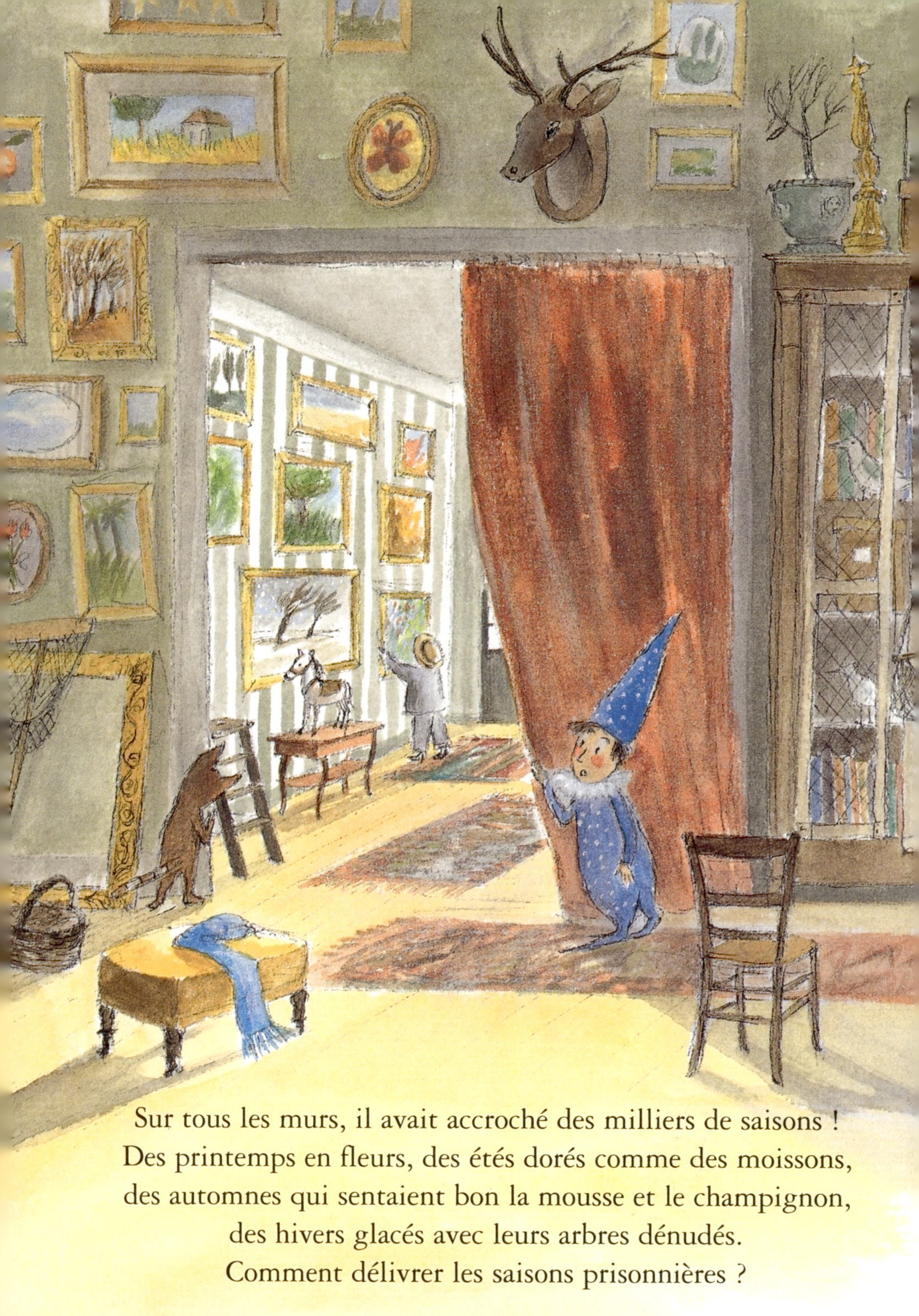

Sur tous les murs, il avait accroché des milliers de saisons !
Des printemps en fleurs, des étés dorés comme des moissons,
des automnes qui sentaient bon la mousse et le champignon,
des hivers glacés avec leurs arbres dénudés.
Comment délivrer les saisons prisonnières ?

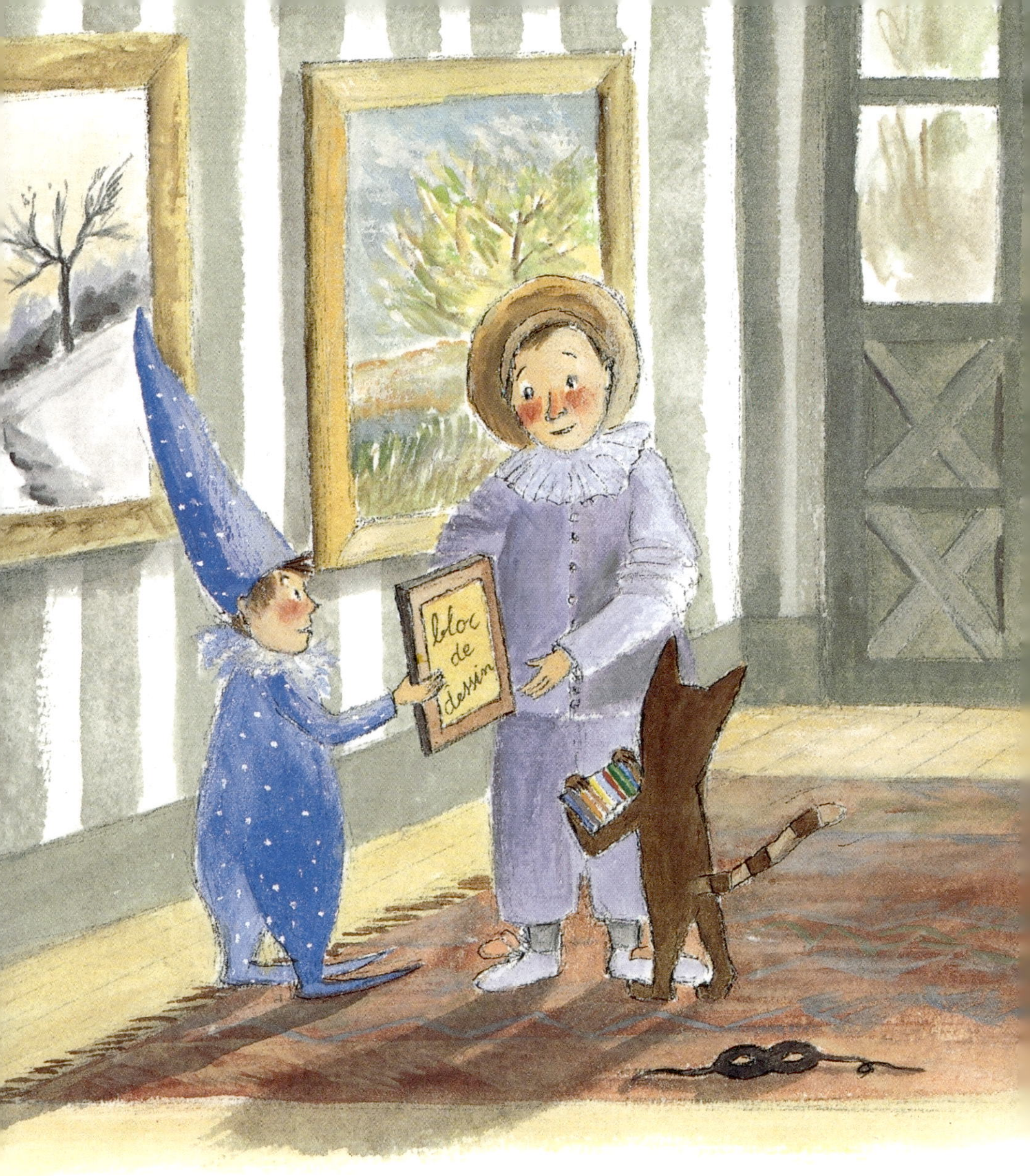

C'est Pilou qui a eu l'idée : «Eustache, si nous lui échangions nos crayons de couleur contre toutes ses saisons. Il pourrait dessiner deux hivers, trois printemps, quatre étés, cinq automnes, pourquoi pas ? Plus besoin de les voler, ses saisons de papier tourneraient comme il voudrait.»
Ce qui fut dit fut fait.

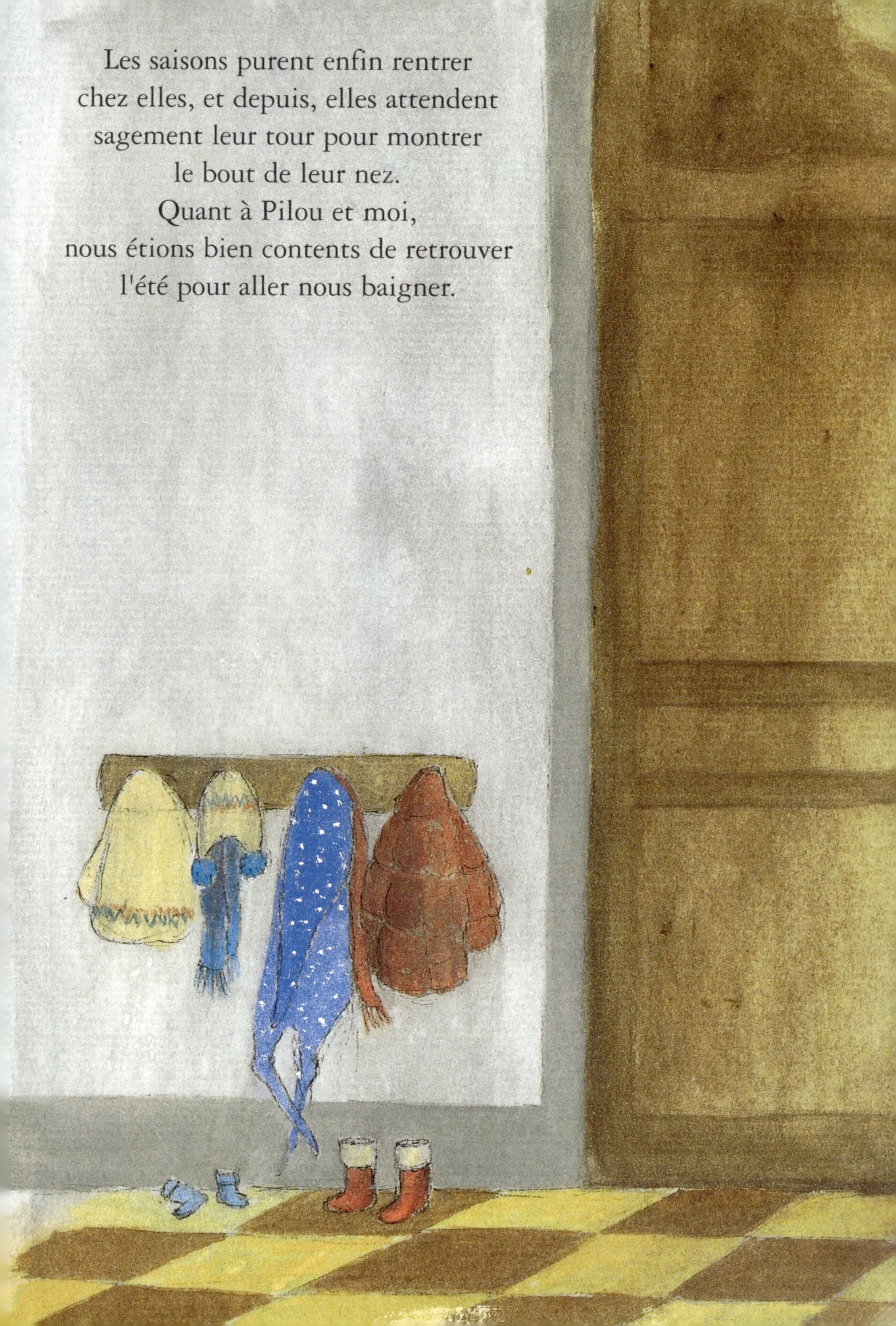

Les saisons purent enfin rentrer
chez elles, et depuis, elles attendent
sagement leur tour pour montrer
le bout de leur nez.
Quant à Pilou et moi,
nous étions bien contents de retrouver
l'été pour aller nous baigner.

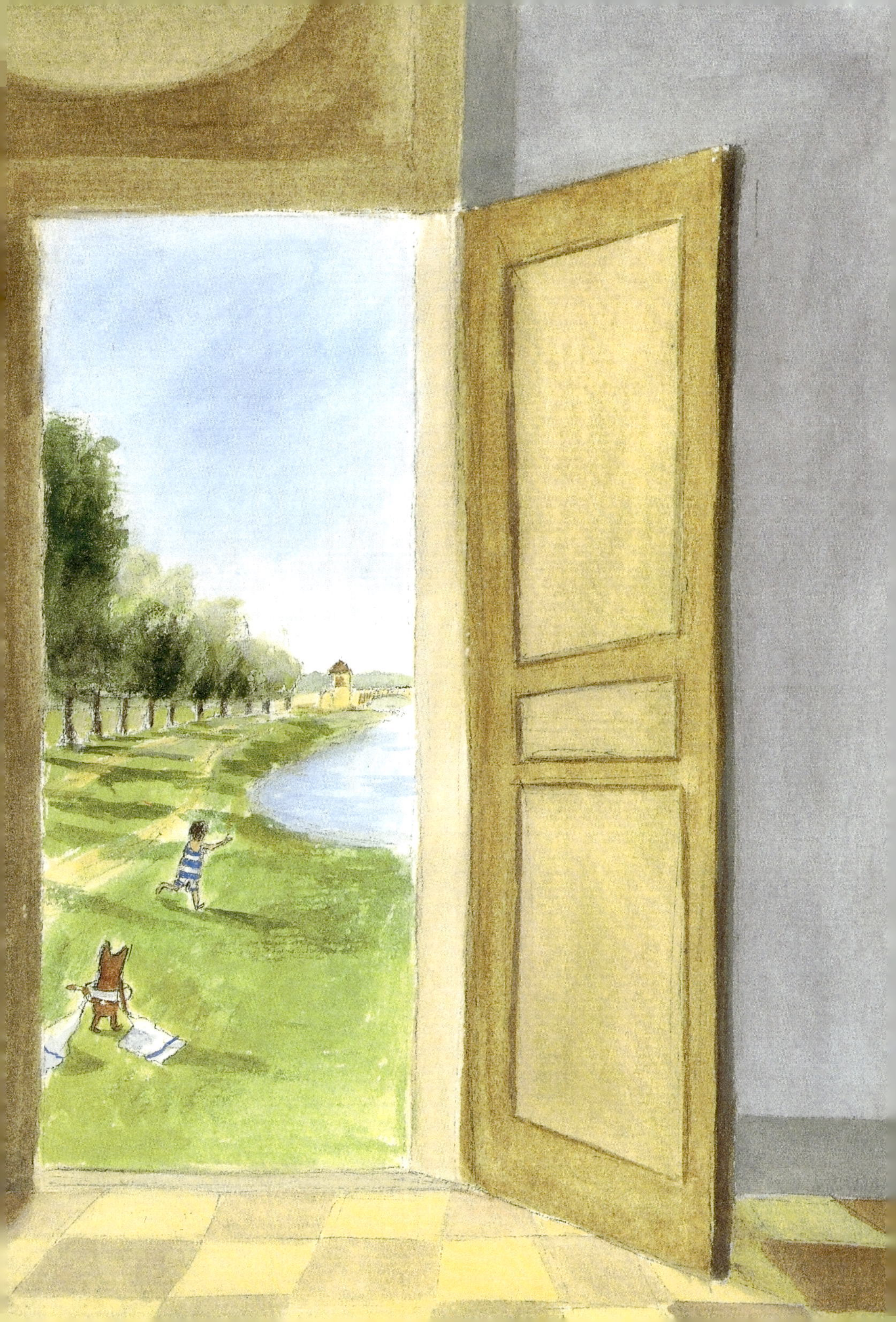

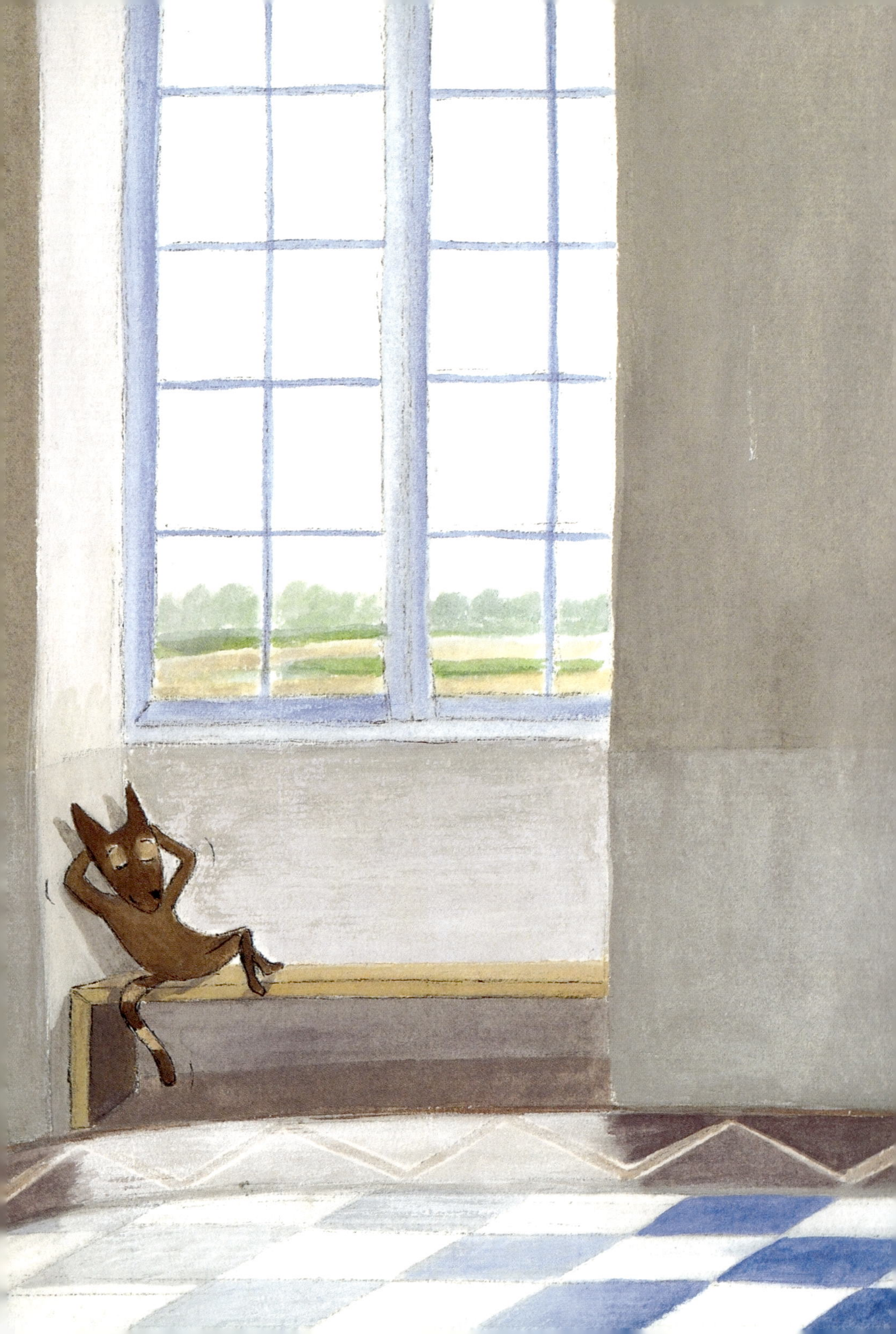

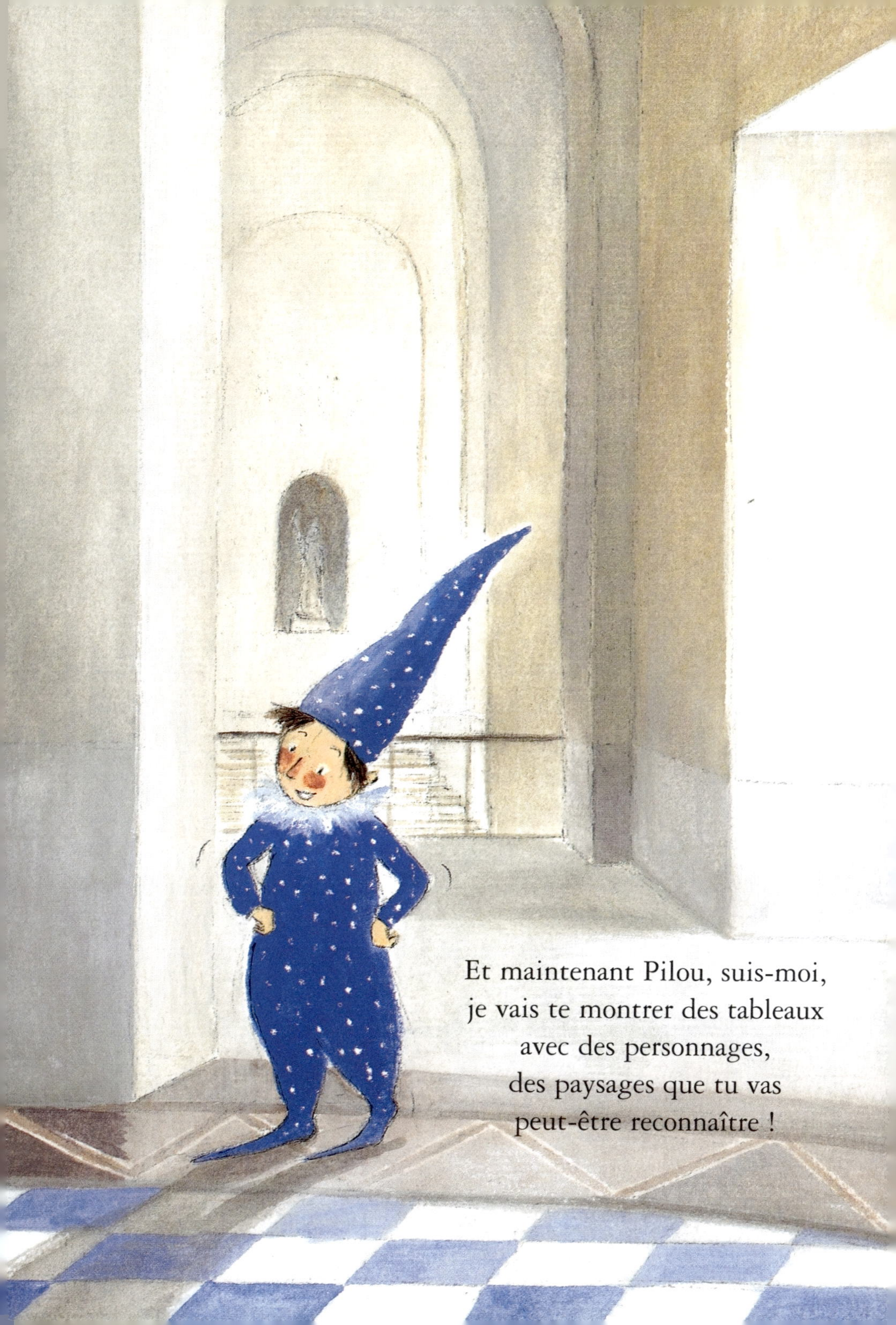

Et maintenant Pilou, suis-moi,
je vais te montrer des tableaux
avec des personnages,
des paysages que tu vas
peut-être reconnaître !

Le voleur de saisons

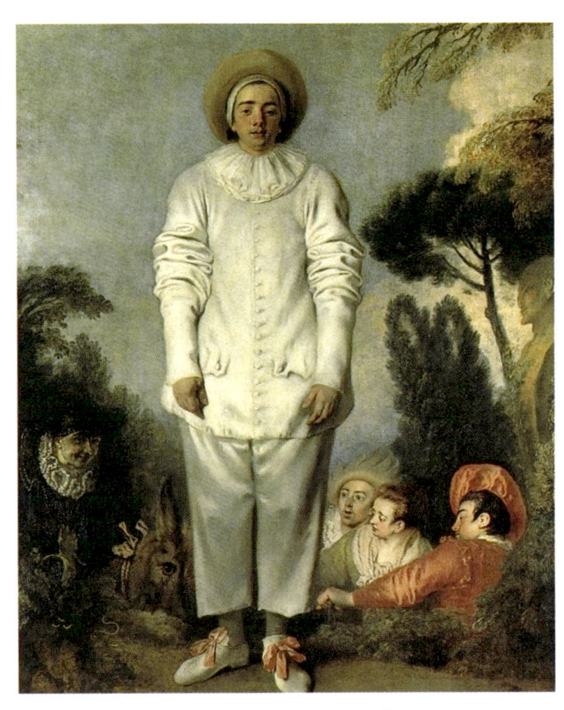

Jean-Antoine Watteau (1684-1721)
Gilles
Paris, musée du Louvre

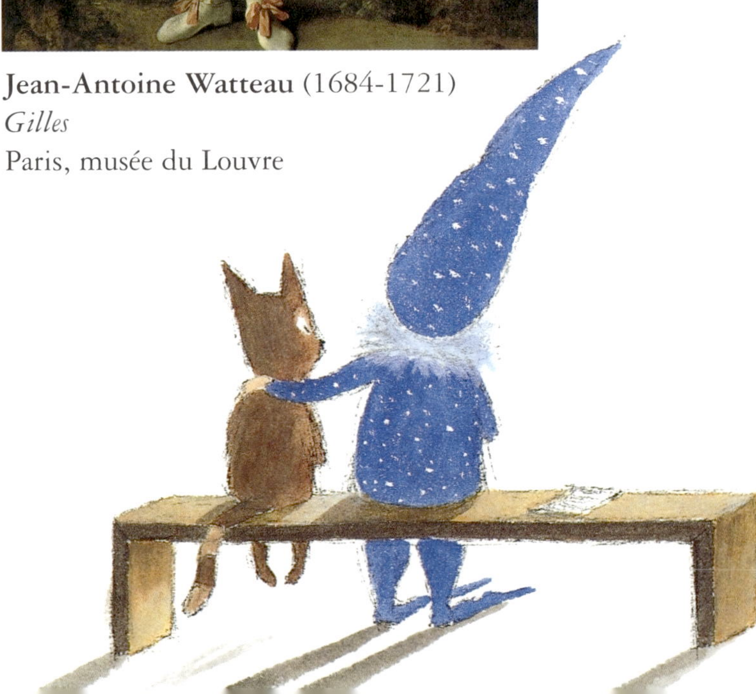

L' hiver

Claude Monet (1840-1926)
Glaçons sur la Seine
à Bougival
Paris, musée du Louvre

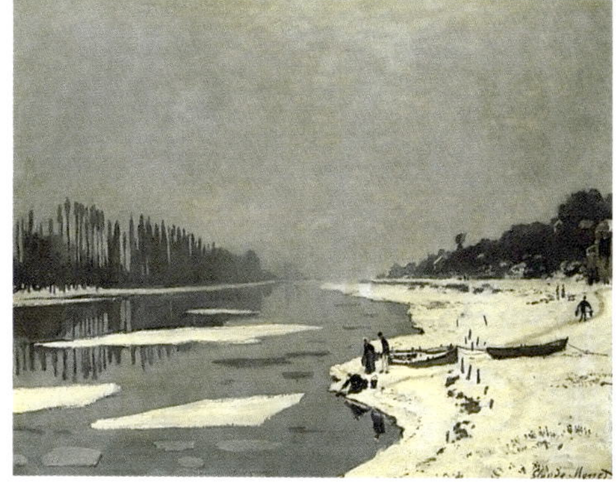

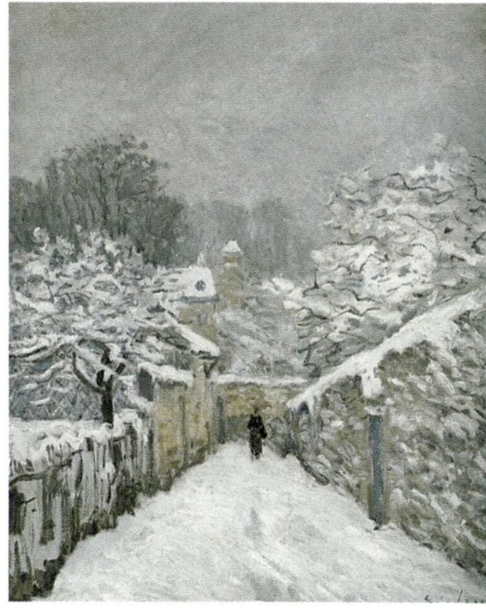

Alfred Sisley (1839-1899)
La Neige à Louveciennes
Paris, musée d'Orsay

Claude Monet (1840-1926)
La Pie
Paris, musée d'Orsay

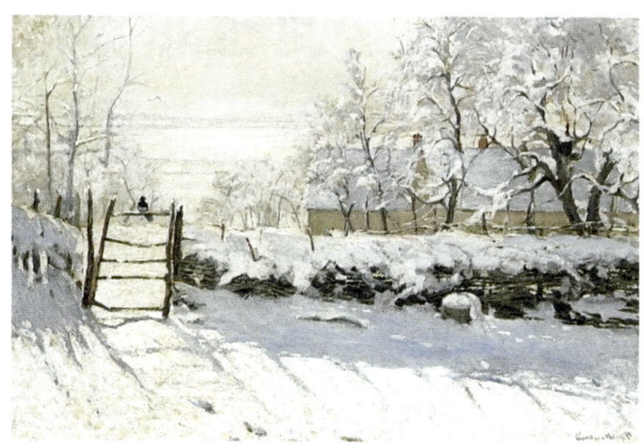

Le printemps

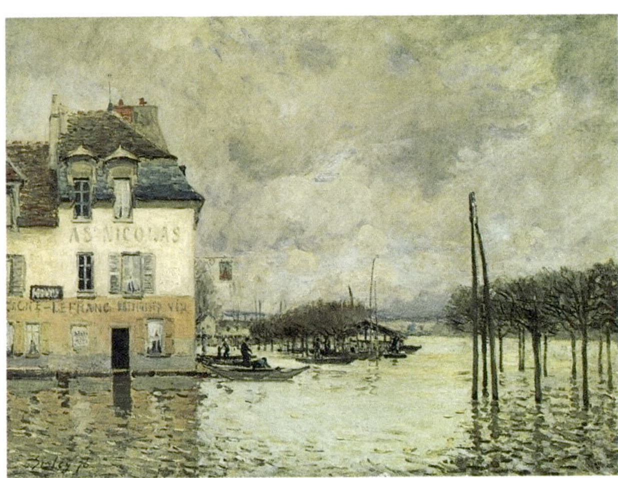

Alfred Sisley
(1839-1899)
L'Inondation à Port-Marly
Paris, musée d'Orsay

Camille Pissarro
(1830-1903)
Potager et arbres en fleurs, printemps
Paris, musée d'Orsay

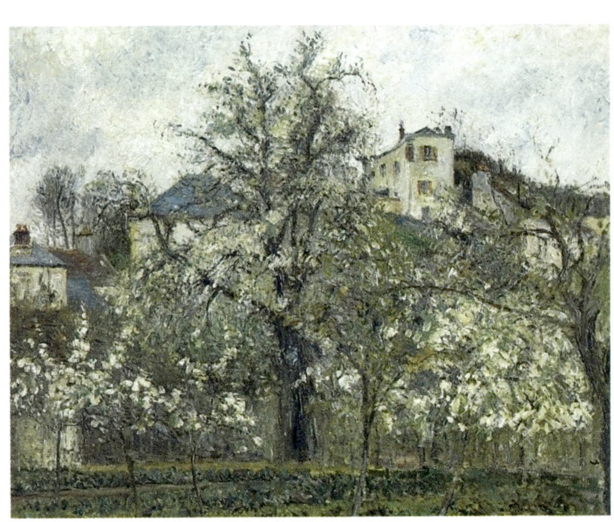

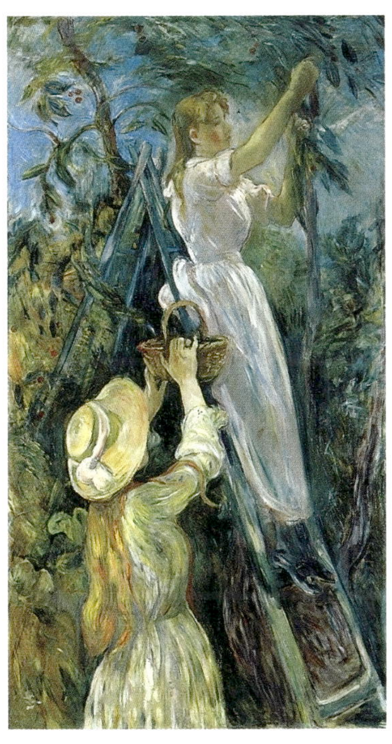

Berthe Morisot (1841-1895)
Le Cerisier
Paris, musée Marmottan-Monet

Claude Monet (1840-1926)
Le Printemps
Lyon, musée des Beaux-Arts

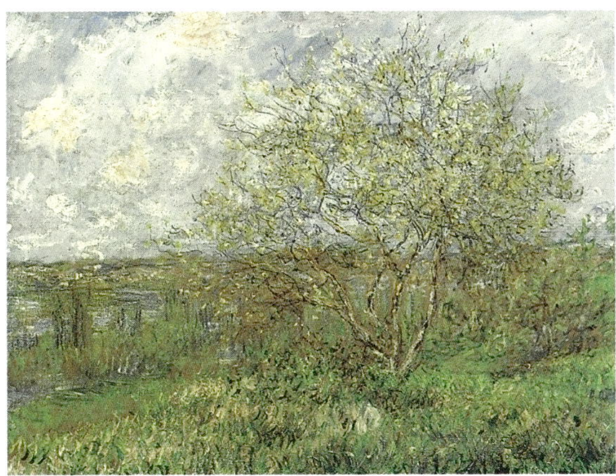

L' été

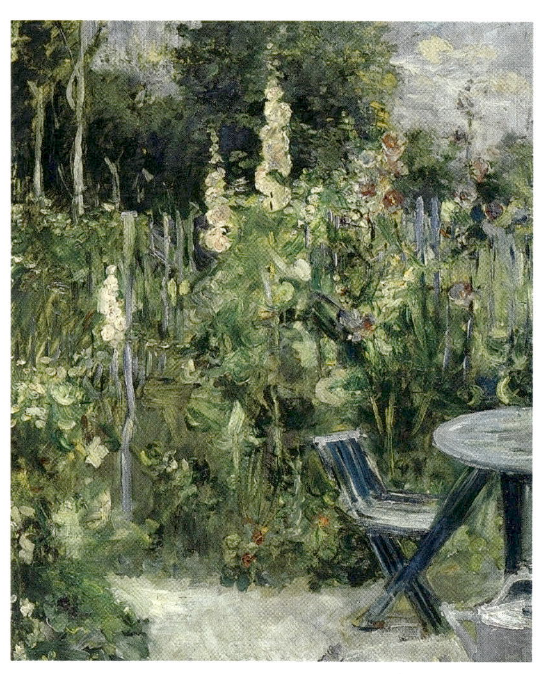

Berthe Morisot (1841-1895)
Roses trémières
Paris, musée Marmottan-Monet

Claude Monet
(1840-1926)
Le Bassin d'Argenteuil
Paris, musée d'Orsay

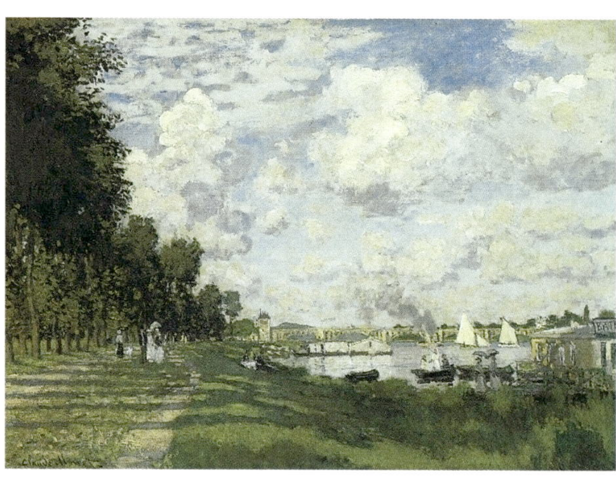

L'automne

Camille Pissarro (1830-1903)
Entrée du village de Voisins
Paris, musée d'Orsay

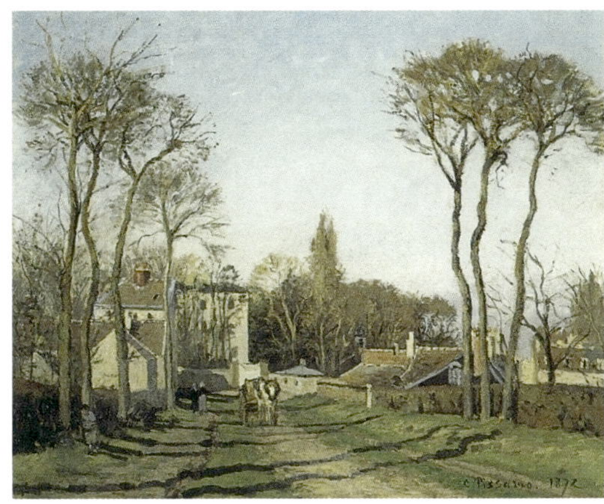

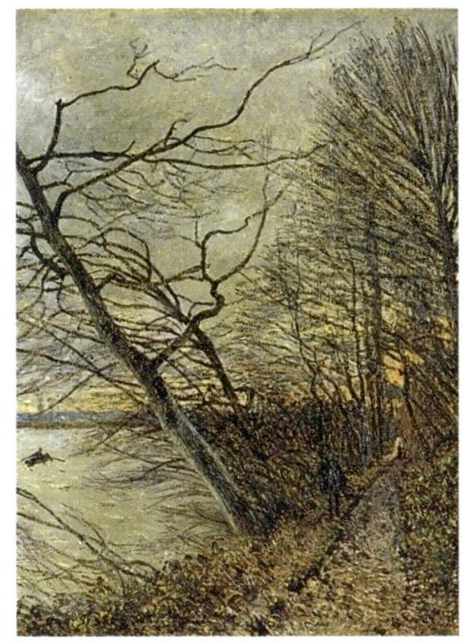

Alfred Sisley (1839-1899)
Le Bois des Roches, Veneux-Nadon
Paris, musée du Louvre

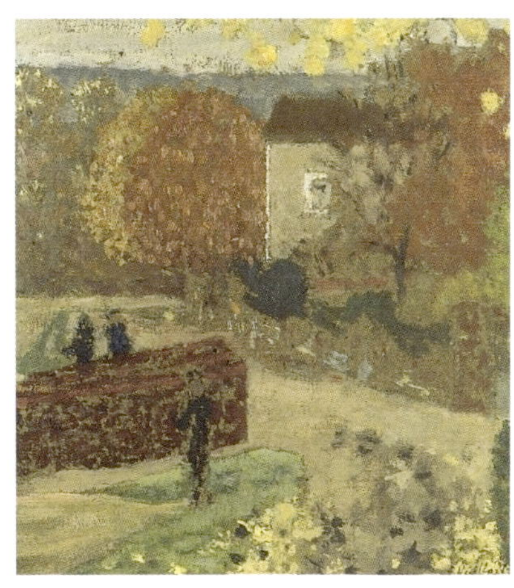

Edouard Vuillard (1868-1940)
La Maison de Mallarmé à Valvins
Paris, musée d'Orsay

Crédits photographiques
Paris, Réunion des musées nationaux :
J.G Berizzi, H. Lewandowski, R. G. Ojeda , C. Jean, Pascale Néri
Musée Marmottan-Monet, Paris, photographie Giraudon, : *Le Cerisier* ; *Roses trémières*

Publication du département de l'édition dirigé par
Béatrice Foulon

Coordination éditoriale
Marie-Dominique de Teneuille

Fabrication
Jacques Venelli

Conception graphique
Laurence Boitout

Documentation photographique
Frédérique Kartouby
Philippe Couton

Photogravure et flashage
Les illustrations ont été gravées par IGS-CP, L'Isle-d'Espagnac

Impression
Cet ouvrage a été achevé d'imprimer en mars 2001
sur les presses de l'imprimerie SIO

Façonnage
Le façonnage a été réalisé par Diguet-Deny, Breteuil-sur-Iton

Dépôt légal : mars 2001
ISBN : 2-7118-3961-3
JA 10 3961